時を読む！
資産形成の
干《かん》支《し》学《がく》

ピウス株式会社代表
森田 真守

知道出版

はじめに

本書は、2016年に刊行した『時を読む！財と投資の干支学』の続編であり、さらに詳しく〝財と干支《かんし》〟の関係を書いたものです。

前回の『時を読む！財と投資の干支学』を刊行後、読者からの反響が驚くほど大きく、私ごときの「干支学のセミナー」も、いつにもましてすぐに満員御礼となり、干支を真剣に学ばれる方々が増えました。またフェイスブックにて陰陽五行相関学というページを設けていますが、その年々の現象を事前に干支から予見し、それが高い確率で的中もしていることからでしょうか。おかげさまで多忙な日々を過ごしています。

そのため、出版社の編集者からは2018年より次の本の原稿依頼を受けていたのですが、なかなか執筆する時間が取れない状況が続いていました。

誠にありがたいとともに些《いささ》か驚きのこの数年です。

さて、驚きといえば　今、2021年「辛丑《かのとうし》の年」、私たちは昨年から続いているコロナウイルスのパンデミックのただ中にいます。

蔓延《まんえん》するコロナウイルスによって世界が大きく変わろうとしています。この人類が直面している社会の変革期を干支がどのように暗示しているのか、読者より解説を頼まれ、それに応える形でやっと本書が出来上がりました。

本書は前回と同じく主たるコンセプトは「干支の教えからの資産形成」「干支と財運の関係」です。

とは申しましても、昨年「庚子《かのえね》」、今年「辛丑《かのとうし》」の年とは、不運な年と思う人が多いと思います。「何を言っているんだ！」「昨年、今年と大変だ！」と思うかもしれません。当たり前のように、コロナ禍の暗い年にしか思えないかもしれません。

しかし、間違いなく今後、多くの人にとって「強烈な財」の流れが来ます。「庚子《かのえね》」の年からの嵐の通過は、ある意味「ふるいにかけられる」ような年です。誰しもが財を成す大切な年が来ます。

私は、干支が告げる世界と日本の動向を過去の歴史と照らし合わせながら、この本で詳細に解説し、財産形成のビッグチャンスを読者にお伝えしようと思います。

干支学を「信じる信じない」は自由ですが、ここまで目を通したあなたは大きな財を成すドアノブに手をかけているのかもしれません。

では早速、本編に入る前に前作にも書きましたが、「干支から観る。お金持ちになることについて大切なこと」を先ずは冒頭に掲載します。


17年くらい前に年商40億円を叩き出した有名な某コンサルタントがいます。私は彼の許《もと》で勉強をする機会が数年ありました。

彼の周りには多種多様な起業家や経営者がいました。誰しもが「億万長者になる!」「大富豪になる!」と口々に言っていました。「自己暗示」「ポジティブ」な気持ちはもちろん、マーケティングについても真剣に勉強していました。

しかし、現実は無情です。数年後、名だたる彼らは会社解散、閉業、倒産、またはスタッフの大量リストラなど、金持ちや富豪とは距離を隔てる存在の人も多々出てきてしまいました。たしかに中にはホンの数人、億万長者になった人はいます。

私の知りえる限り、ビジネスに皆真剣であったはずです。しかし結果は、それぞれ思惑とは違い、その多くは億万長者とは逆になっていたのです。

その中で一人、億万長者になった人で今でも連絡の取れる人、Aさんがいます。

Aさんの話の前に、もうひとり一代で個人資産40億円は超えるほどの財を築いた豪商のお話をさせてください。

その豪商は、昭和中期に中古のリヤカー一つで創業したといわれます。

ふとした縁で、私は彼の秘書のような方と繋がり、いろいろ見聞することがありました。

「財を成すには義理欠く、恥欠く、人情欠く。この三つの欠くを金持ちの三格」と昔の商人の格言を地で行く人でした。これが金持ちの定義だと、はばからずに豪語していました。

初代は若いころから一心不乱に働き、自分にも世間にも厳しい人物でした。しかし、上場し晩年その創業者が会長になったとき、会社は大きな事件に巻き込まれ、息子である新社長は命を絶ち、経営的にも会社は大きな岐路を迎え、会長本人もガンで闘病の後、間もなく他界しました。

あの人はお金持ちでしたが、ホントに幸せだったのか……。

もうひとり、Aさんは、サラリーマンから数億円の個人資産を持つまでになりました。昔、彼の会社を訪れたとき、ショックだったのを覚えています。それは彼の経営の考え方でした。

「ケチといわれるくらいでないとお金持ちにはなれない。だから僕はお酒もたばこもたしなまないよ」「社員には安給料でもやめられない仕組みを作ればいい。そうすれば会社は儲かるからね」

Aさんは、誰はばからずに豪語していました。

近年、遠くの人や近くの人からは、彼への愚痴しか聞こえません。今彼は、大変失礼ですが、友人はほとんどいないに等しいでしょう。

人それぞれお金に関する価値観も違います。しかし年を重ねるごとに、少しずつ、お金持ちの定義とは何かに気づいてきました。それは「入るお金に対して使うお金が多い人が貧乏、入るお金に対して使うお金が少ない人は金持ち」という単純なことで、つまりは金持ちの定義なんて意外に身近にあるのではないのでしょうか。

実際に、最近では都会から離れ、田舎で自給自足も兼ねたような悠々自適《ゆうゆうじてき》な生活を好む人も少なくないようです。

人間が生きていくためにはお金は必要ですが、お金にとらわれて限りある人生の大切な何かを見過ごすことは、もったいないことかもしれません。

家族と共に過ごす時間、好きな人と共に歩む時、親友と趣味を共有する、愛するペットと共にいる時間、子供の成長を見守るひととき……。

お金は働けば入ってきますが、時間は振り返っても戻ってきません。大切な時は誰にとっても、あなたにとっても財産なのではないのでしょうか。

「お金は幸せになるためのツールの一つ」。そう考えてみることができます。

現代社会で生きていくためには、お金は必要です。とくに今という時代の中、ほぼゼロに近い金利や老後の生活のことを考えれば、少しでも多く貯えをしたい、と思うのは誰しも同じでしょう。

時と財の関係

干支を観る者として前述した億万長者になった人や、そうでなかった人たちの持つ干支を研究したことがあります。結果は干支の通り、億万長者になった人は財運にベストなタイミングで起業したりしていました。時は金なりの言葉ではありませんが、干支の示す時間は、お金、財運と大きく関係します。

そもそも私たち人間は、お金で時間を買ったり、働く時間をお金に換算してもいます。したがって、時も表す干支や「陰陽五行論《いんようごぎょうろん》」とも、お金は大きく関係します。それが本書で詳しく解説する「陰陽五行論」の中に記されています。

しかし「陰陽五行論」については、ほとんどの人が占術や単純な五行のサイクルだと思っているはずです。誕生日を告げて観てもらい、「あなたは金運がある」「あなたは金運はない」などと言われ、勘違いしたり、嘆いたりする人もいます。

それは占い師や祈祷師が、ビジネスとして「陰陽五行論」をオリジナルに脚色したり、宗教家が信者集めの一環として用いているだけですから、軽んじられるのも仕方のないことだと思います。

実は、正としての「陰陽五行論」には「金運」や「お金」の表現はありません。なぜなら紀元前三千年とも五千年ともいわれる「陰陽五行論」のはじまりに「お金」は流通しておらず、ごく一部の人間しか持っていなかった時代です。あくまで、わかりやすさを考えて、あえて「お金」との表現をしましたが、本来、「陰陽五行論」にあるのは、「財」との表現だけです。

なにも私は、占術家や宗教家を批判するわけではありません。なぜなら私の講義を受けた人の中には、前記した方たちが少なくないからです。

「陰陽五行論」とは、数千年の時を超え、ある意味、大自然と人間の深い念から生まれ、膨大な時間の中で培われ、破壊され、そして再度、培われた統計学です。

したがって、学んでから30年足らずの研究では、まだまだ未知の部分が多い世界です。果てしなくも尊《とうと》き世界ともいえるでしょう。

これから、あなたを深遠な「陰陽五行論」からなる不思議で、もしかしたら怖くもあり、素晴らしくもある世界の一端をご紹介します。そして、「財」を成すためのコツをお伝えします。そしてそのコツには、あなたの誕生日はあまり関係ありません。いつの時代もタイミング、時勢を読む、時を制する者にかなう者はいません。必要なのは、これからのあなたの「時」への真摯な姿勢です。「干支の時」をあなたの味方にしてください。そして「幸せ」「豊か」になるための「財」を成す、そのために役立ててください。

〝たかが金、されど金。金は天下の回り物。どうせ浮世に生きるなら、金を追いかけ追われる人よりも、金に笑う人に成る〟

あなたが、そう成ることを願います。

二〇二一年　辛丑　寅月

森田真守

時を読む！ 資産形成の干支学 ◯ 目次

第1章

「干支学」に秘められた知恵

資産形成のための「干支学」

コロナウイルスが蔓延した世界、このパンデミックを誰が予想できたでしょうか。

中国の武漢に端を発したとされるこの新型ウイルスですが、瞬く間に世界を席巻し、アメリカでは、感染死者数が両世界大戦時の戦死者総数をはるかに超えて増えている現状は、まるでSF映画のようです。

日本においてもまた、感染者数が増え続け、東京オリンピックを2021年に延期が決定。しかし、このまま感染が収束しないと、今回のオリンピックも断念せざるを得なくなると思われます。

各国が感染防止のための町の封鎖（ロックダウン）を行うとともに、医療体制の拡充とマスクをはじめ医療機器の増産などに躍起になり、薬品メーカーがワクチン開発製造にしのぎを削っている現状です。

日本ではマスクの供給が追いつかずに、マスク一枚が何千円にもなり、手製マスクが代用されていることもありました。

そして、今後コロナ収束後の世界はどう変化していくのでしょうか。日本の政治や経済がどのような流れになっていくのか、あらゆる専門家に尋ねても、明快な答えを出すことは難しいでしょう。

それでなくても、高齢化社会、年金問題、福祉政策、防衛問題、雇用形態の問題、格差問題、地震などの自然災害、日本は多くの問題を抱えています。そして、その諸問題は世界の国々と複雑に絡み合っていて、今や日本国内の問題であっても、世界の国々の政治や経済の動向を知らなければ、どう対処すべきかを誤ってしまいます。

また地球上の温暖化の影響なのか、異常気象による災害が多発し、それに加えて火山大国日本では大地震などの自然災害に絶えずおびえていなければなりません。

こんな時代に私たちとしては、この日本という国で「安心」を得るために、日々、有益な情報を集め、考え、判断し、少しでも良い生活を送れるように努力しています。

そのためには、あらゆる分野のさまざまな情報から時代を読む力が必要となるでしょう。それはいくらコンピュータが発達したとはいえ、とてつもなくたいへんな作業といえます。

日本に住んでいる私たちですが、今やグローバル化した国際社会の中で、複雑に絡み合った政治や経済の影響を被《こうむ》ってしまう時代です。あらゆる分野の専門家たちがその知識を披瀝《ひれき》して、いろいろとアドバイスを発信していますが、最終的に判断するのは、あなた自身なのです。あなたの中に判断する指針がないと、情報に翻弄《ほんろう》され、誤った道を選択してしまう危険性があります。

さて、このように激流のような時代の変革期を生き抜いていく私たちにとって、先を読む指針となるものがあれば、どんなに助かるかわかりません。アフターコロナ後に何が起こるか予想ができない時では、大きな〝不安〟を抱えて生きていかなければなりません。そのときに頼りになるモノと言えば、やはり「お金」でしょう。

「たかがお金、されどお金」

本書では、読者のみなさんにその時代を読み解く指針となる〝知恵〟の一端、「干支学」を解説し、「されどお金」の形成に役立ててもらいたいと思っています。

この〝知恵〟を活用すれば、時代の流れを読み解きながら、あなたの人生をより豊かにするための資産形成の先手を打つ積極的な行動がとれるようにもなるのです。

このことから、東洋哲学の「干支学」は本来、時代の流れを読み解く〝知恵〟ですが、とくに本書では〝財〟について有用な〝知恵〟を掘り下げて説明していきます。


さて、資産形成と言えば〝投資で儲けている人たち〟が、この日本でも徐々に増えてきています。貯蓄に比べて投資後進国である日本においても、経済や金融の流れが大きく変わってきたために、貯蓄から投資へと移行しています。

このような時代の流れを「干支学」を活用して読み解きながら、投資による資産形成を成功させることができます。

この「干支学」は、紀元前の昔から何千年、脈々と今日まで伝わっている東洋の哲学でもあります。これによって時代の動向がわかるということはもちろん、日本経済の流れをおおよそ読み解くことができます。さらに詳しく見ていけば、景気の動向や株価が上がる年回りがわかるのです。

実際に、この「干支学」を駆使して巨額のお金を儲けている人たちがいるのです。

もちろん、表立って「干支学」とは銘打っていませんが、巷で高額な「投資セミナー」などで一部公開しているのは、この「干支学」の知恵にほかなりません。

本当に儲けている人は、「俺は儲かっている」とは言いません。ましてや、その儲けるための知恵を懇切丁寧に人に伝えることなどないでしょう。誰もが秘密にしておきたいものです。それでも、さまざまな形で漏れ伝わることはあるものです。

それが、「陰陽五行論《いんようごぎょうろん》」という古代中国の思想体系であり、「干支学」なのです。

「陰陽五行論」は、とても深遠な知識体系です。書籍でも、ネットでも、「陰陽五行論」に関する資料は数多く出回っていますが、本格的に学ぶとなると、師について徹底的に教えを請うことが必要です。「陰陽五行論」を基礎としている占術家や中医学療法士などが何年もかけて師について学ぶのと同じです。ただ、「干支学」の一端でしたら、わりと簡単にお伝えすることができます。ですから本書の主旨はそこにあるのです。

私が本書でお伝えしたいのは、時代の流れを読み、財を成すための、とくに投資家が参考にすべき「干支学」です。経済の流れを読み取り、投資の目的を果たすためにどのように干支を活用すればよいかというところです。つまり、日本経済の動向を知り、投資に役立つ「干支の見方」です。

みなさんは、〝金儲けの神様〟と謳《うた》われた邱永漢《きゅうえいかん》氏をご存じでしょうか。一代で３６００億円を稼ぎ出したといわれる伝説の事業家です。また、直木賞を受賞した作家でもあり、その著作は６００冊を越えるといわれています。残念ながら何年か前にお亡くなりになりましたが、この邱永漢氏が最晩年に驚くほど高額な「投資セミナー」を開いたそうです。私の友人がそのセミナーに参加して、それからすぐに私のところに連絡を取ってきました。

「今すぐ陰陽五行を教えてくれ」というのです。

私はすぐにその意図がわかりました。なぜなら、その投資セミナーに参加した他の企業の社長さんたちからも「コンサルタントしてほしい」という依頼があったからです。

彼らはそのセミナーに参加して、投資に関するさまざまな情報を学んできたといいます。そして、最終的には投資に勝つための売り買いを判断する高度な知恵を授けられた――それが「陰陽五行論」や「干支学」だったに相違ありません。

けれども、彼らにとっては耳慣れない知識体系なので、一回や二回聞いただけではなかなか理解できなかったのでしょう。そこで、常日頃から五行がどうだの、六十干支がどうだのと言っている私に白羽の矢が立ち、「陰陽五行論」というのをもっとわかりやすく教えてくれと言っているのです。

私は、詳しく邱永漢氏を知りません。けれども、彼を知る人たちからの話を聞いて、納得しました。たぶん「陰陽五行論」などの知識を駆使して時代を読み、投資を行い、成功を収めてきたはずです。そして、最後の最後に、その知識の一端を一般の方にもお伝えしたのかもしれません。けれどもそれは、なじみのない一般人にとっては、なかなか理解されにくい知識体系であったと思われます。数時間のセミナー式講義を聞いただけでは、歯が立たなかったのかもしれません。

この邱永漢氏が、「貯蓄十両　儲け百両　見切り千両　無欲万両」という言葉を座右の銘にしていた、ということを聞きました。これは、井原西鶴《いはらさいかく》の言葉ですが、「貯蓄なんてケチのやることで、まず儲けることだ。つまり、投資でもなんでも積極的にお金を生み出す努力をすること。そしてそのコツとは、自分の欲を制御する見切りが肝心である」という意味でしょうが、それでも「無欲」にはかなわないといっています。

私は、この言葉にとても共感を覚えました。この「無欲」に注目したいのです。この「無欲」こそ、自然界の流れ、金融経済の流れを見極めて儲けることだと思っています。つまり、無欲になって「干支学」が示す自然の流れを粛々《しゅくしゅく》と読み取っていくということなのです。私自身、欲をかいて失敗したこともあるのでよくわかります。

何年か前には、ＳＢＩホールディングスのＣＥＯである北尾吉孝《きたおよしたか》氏もまた、干支で経済を紐解《ひもと》く『強運をつくる干支の知恵』（致知出版社）という本を出版されました。内容はともかく、干支の意味からその年の経済状況を読み、上手に会社のかじ取りをされています。やはり「陰陽五行論」を基礎においていることがはっきり書かれています。

恒例になっているようですが、北尾氏は毎年、年頭にその年の干支の解説を中心に一年の日本経済の流れを説いています。

実は、相当数のプロの投資家はこの知識を持っています。みなさん、とぼけていますが、実際に干支の知識も持っていて上手に活用し、判断の要にしています。そして、それ相応に稼ぎ出しているのです。

さて、そのためには、まず「陰陽五行」「干支」というものが、いったいどのようなものなのかを理解することから始めなければなりません。

読者の中にも「占い」や「東洋医学」などに興味のある人には、何度か耳にした言葉かもしれませんが、しかしここでは、もっと基本的で、日本の歴史、時代の流れを読み解くための「干支学」を中心に解説していくことになります。

「干支《かんし》」とは、子《ね》年、丑《うし》年、寅《とら》年、卯《う》年……と誰もが知っている毎年の干支《えと》（読み方注意）と大いに関係があります。これは、正確には「十二支《じゅうにし》」といって、十二の動物が毎年巡っているということになっているのです。けれども、詳しい暦をみると、そこには「甲子《きのえね》」とか「乙丑《きのとうし》」というように十二支の前に見慣れない文字が記載されています。これを「十干《じっかん》」といい、「甲《きのえ》、乙《きのと》、丙《ひのえ》、丁《ひのと》、戊《つちのえ》、己《つちのと》、庚《かのえ》、辛《かのと》、壬《みずのえ》、癸《みずのと》」

と10種類あります。

　この「十干《じっかん》」と、「十二支《じゅうにし》」との組み合わせで60種類の干支ができあがっています。ですから、「六十干支《ろくじっかんし》」とも呼ばれています。

　「２０２０年は、子《ね》年だ」ということは誰もが知っていますが、子にも、「甲子《きのえね》」「丙子《ひのえね》」「戊子《つちのえね》」「庚子《かのえね》」「壬子《みずのえね》」と5種類あり、例えば、２０２０年の子年は「庚子《かのえね》」の年というわけです。

　たとえば、１９７２年に生まれた人は子年ですが、「壬子《みずのえね》」という六十干支の年です。そして60年後の２０３２年に、また「壬子《みずのえね》」の年となるのです。ちょうど60の干支が一巡して、その人は60歳になったということです。

　ですから、２０２０年は子《ね》年で、みなさんも鼠《ねずみ》の絵が書かれた年賀状をもらったり、送ったりしたはずですからご存知でしょう。けれども、前述しましたように、正確には「庚子《かのえね》」という六十干支の年なのです。60年前の１９６０年もまた「庚子《かのえね》」年で、ちょうど２０２０年が60歳になります。干支が一巡したわけです。

　それを世の中では「還暦《かんれき》」といい、赤いちゃんちゃんこを着せてお祝いをしたりしますが、生まれた年の六十干支に還《かえ》るという「暦が還る」ということからきています。これが「干支学」のベースになる「六十干支」なのです。

実は、この六十干支がめぐる年の流れと、世の中で起こるさまざまな事象が一致している事実があります。つまり、干支の意味を知れば、その年にどんなことが起こるのか、おおよそのことが予想できるのです。

そして、この世を支配しているそれぞれの年の干支に秘められた意味合いの大きなうねりがあり、それが六十年周期で起こっていると考えることができるのです。端的にいえば、「干支学」とは、六十年周期でこの世に起こることを定期的、かつ統計的にとらえているともいえるのです。

六十年周期で世界の政治や経済、動植物の生態、気象などの自然現象が繰り返されるという、このような説を一般的に「六十年周期説」といい、これを支持されている学者さんたちは少なくありません。

たとえば、インドの哲学者サーカーの「プラウト理論」を信奉し、そこから「経済六十年周期説」を唱え、経済動向を予言していた経済学者のラビ・バトラ博士はとくに有名です。日本でも多くの著書が出版されています。

その他にも「インフルエンザ流行の六十年周期説」や「気候変動の六十年周期説」「笹の花咲く周期」など、「六十年周期説」が適応できる現象は数多くあります。

実は、その根拠となるものとして、一つには占星術の考え方があります。

古来より、先人たちは天にきらめく星の運行を計算して、その動きと地に起こる現象界の流れを結びつけてきました。肉眼でも見える惑星のなかで、とくに先人たちは木星と土星の運行に注目しました。

その木星と土星の公転周期が六十年周期を生み出したといわれています。

木星は約十二年で地球の黄道帯を一周します。土星は約三十年で一周します。この二つの星の公転周期である十二と三十の最小公倍数が六十、つまり六十年であり、地上界で起こるさまざまな現象は、この六十年という周期で説明できるといわれているのです。

これから解説する「陰陽五行論」を基礎とする「干支学」もまた、この「六十年周期」の理論と大筋では似ているともいえます。しかし、「干支学」が現代社会においても優れた知識体系であることは、六十の干支にはそれぞれ意味があり、干支がめぐる年に何が起こるのかを予想することができるからなのです。

つまり、六十年ごとに同じことが繰り返されるという単なる循環論ではなく、干支の意味が示すこと、その性質をもった出来事が起こるという理論なのです。そのためには、干支の意味を深く理解することと、それが現象としてどのように現れるかという洞察力が必要になってきます。

さて、最近のネットでは、占い師や投資のプロたちが、それこそ数多く独自の投資情報を配信しています。しかし、会員制のものはわかりませんが、どれもそんなにアクセス数は多くはありません。一時的にアクセスが増えたとしても、すぐにその数は減少してしまうサイトばかりです。なぜなら、彼らの読みや判断はあまり役に立たないからではないでしょうか。

読者はその情報が確かであるかどうか、自分にとってメリットがあるかどうかをシビアに判断して読んでいます。ですから、いい加減な情報、あてにならない情報を発信していたらすぐに飽きられてしまいます。

私もまた、不定期ですけれど、この六十年周期のうねりの一端を六十干支から読み取ってネットで配信しています。そんな中で、私が発信している情報には、常に二千人以上のアクセスがあります。たぶんそれは、二千人以上の人たちは私が発信する情報に何らかのメリットを感じているからにほかなりません。

私にしてみれば、プロの投資家でもなければ、社会の情勢や企業情報に特別詳しい専門家でもありません。あくまでもこの「陰陽五行論」の知識と「六十干支」から読み取った情報を提供しているだけです。

現在では無料で私のサイトを誰もが見ることはできます。そして、その情報によって仕事に投資にと、大きな利益を上げている人たちからこっそり感謝のメッセージをいただいています。つまり、世の動向を見極め、ビジネスや株価などの流れを読み解くのに大いに役立っていることだけは事実です。

この事実が、まず私が提唱する「干支学」の正しさを証明できる一つの理由です。

六十年周期の実際

さらに私の提唱する「干支学」が本当に正しいかどうか、実際にみなさんの目で確認していただくこともできます。

私の主宰するセミナーや会員さんたちにはよくやってもらうのですが、日本史の年表を用意してもらいます。社会や時事、大きな事件も掲載している年表がよいのですが、ちょっと詳しい年表を広げて見ていただきます。

セミナーでは、はじめに「六十干支」の説明は受けていただいているので、ある年を例にあげて、その干支の意味から、その年に起こったことを確認してもらいます。そして次に、六十年後の同じ干支の年にも同様なことが起こっているのだということを自分の目で確かめ、理解してもらうのです。

それでは実際に読者のみなさんにも体験してもらいましょう。

この原稿を書き始めた２０２０年は、六十干支で「庚子《かのえね》」の年です。

六十干支は自然の循環法則を天干と地支によってあらわしたものです。天干は十個の太陽を表していて、それぞれが陰陽五行に分類されます。

そのなかの「庚《かのえ》」とは、陰陽では「陽」、五行でいうところの「金」です。なじみのある十二支もまた陰陽五行に分類され、２０２０年の「子《ね》」は、陰陽では「陽」、五行の「水」になります。「金」と「水」でどちらも「陽」です。

五行の相生《そうしょう》の法則では、「金」は「水」を生むということになりますが、庚も子も、どちらも強い陽ですから、半端なく強いのです。

ちなみに子と卯、午、酉は「四正《しせい》」といって、十二支の中でもとても強い。後で詳しく説明しますが、「四正」の十二支は、強いというより、何かを起こすという力があるのです。

さて、五行では「金は水を生じさせる」ので、金が水をどんどん生じさせ、実際には水害などの災害につながってしまうのが２０２０年といえます。

庚の金は、金属というより、いわゆる刀のような武器をあらわし、争いごとの象徴となります。世界を見回すと、香港で暴動が起きたり、インドと中国、米国と中国などが連日ニュースで流れていましたが、ほかにも世界各国で争いごとが多発していいます。ある意味、人が切られる剣や刀の「庚《かのえ》」。人がたくさん傷つき、亡くなることも意味します。

では、「庚子《かのえね》」はどんなことが日本であったのか、過去をさかのぼってみましょう。

注目すべきは、2000年に根絶宣言を出したポリオ（小児麻痺）です。日本で大流行したのが1960年「庚子《かのえね》」の年なのです。その中心は北海道でした。北海道を中心に5000人以上の患者が発生した、と記録があります。

「庚子《かのえね》」に限らず金である「庚《かのえ》」「辛《かのと》」の年に特徴的なのは、病原菌の発生、しかも家畜の伝染病です。豚コレラ、鳥インフルエンザなどです。「庚子《かのえね》」を含め金の年に起こるのはこのように伝染病が多いのです。

「流行《はや》り病《やまい》をあるだろうが、インフルエンザくらいか……」

実のところ、私も2020年にこれほどまでに世界的に新型コロナウイルスが猛威を振るうことになるとは予見できませんでした。これは私の読みが甘かったと言わざるをえません。私は大きな見落としをしていました。それについては後ほど記述しますが、ちょっと怖いくらいの話です。

それでは「子《ね》」の水はどう解釈するかというと、「大きな水」ですから、大量の水が出てくるわけです。２０２０年は、水害や大雪になるのです。これはもちろん、私は事前にフェイスブックで予告していましたので、会員読者も参考にしてもらったはずです。

実際、２０２０年「庚子《かのえね》」の年には、台風、雨が多く熊本県や岐阜県、山形県など豪雨による水害で、大きな被害が出てしまいました。また「庚子《かのえね》」の終わり、１月には近年まれにみる豪雪により、北日本は大変であったことは記憶に新しいことです。

では夏はどうかというと、私は「ところどころによっては40度を超えるほどの猛暑になるぞ」と年初に注意を促していましたが、やはりその通りになりました。

すると会員の皆さんから言われました。

「なんで子《ね》の水なのに暑くなるんですか？」と。

それは「四正《しせい》」だからなのです。先ほどの解説になりますが、「四正」は、子、卯、午、酉の4つで、**「子《ね》」は北、「卯《う》」は東、「午《うま》」は南、「酉《とり》」は西**に位置しており、十二支の中でもポイントとなり、かなり強いといいました（図参照）。

また、**「子《ね》」は「水」、「卯《う》」は「木」、「午《うま》」は火、「酉《とり》」は「金」**の五行になります。

つまり、子《ね》は水の親分みたいなもので、水のトップです。このトップが出てきたときには、対冲《たいちゅう》にある（方位の反対にある）午《うま》を刺激するのです。水の親分が出てきたので、火の親分が黙っちゃいないというわけです。

このようにどういうわけか、「四正」の年は、対冲（対面する）十二支が必ず出張ってきます。

これが「四正」特有の性質です。十二支の子《ね》、卯《う》、午《うま》、酉《とり》の年は、それぞれ反対にある午《うま》、酉《とり》、子《ね》、卯《う》を考えに入れる。その五行を考慮するということです。

十二支と方位

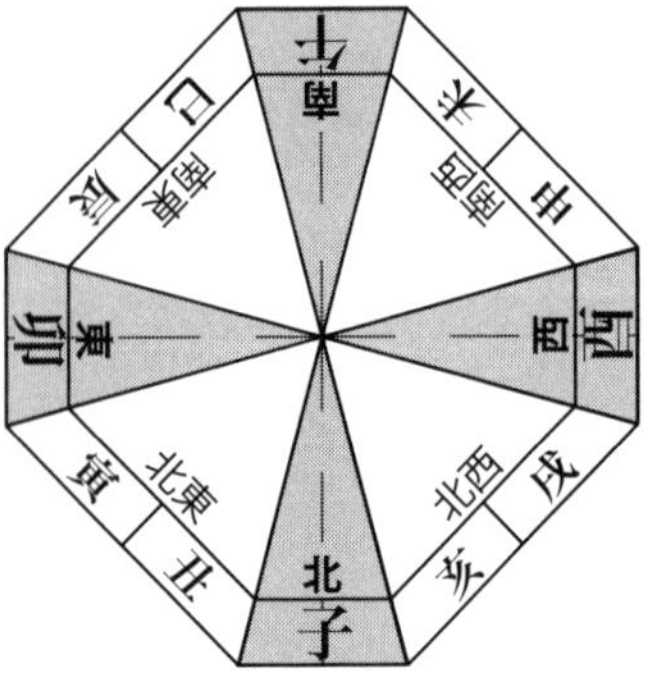

森羅万象は干支通りに変化していきます。このように干支は見方を誤らなければ、そのとおりに起こります。干支を読むとはそういうことで、きちんと読めば大体のことは予測できます。

しかしこんな質問もよく受けます。

「干支を使った多くの占い師さんは、なぜ見事に外れるのですか」

それは、ほとんどの占い師さんたちは干支の読み方にアレンジを加えてしまうからです。

「私は霊感がある」とか「このような夢を見た」とか、他の占と合わせてみたりするのでうまくいかないのだと思います。きちんと陰陽五行を勉強して干支通りに読めば、そういうことはありません。

前著に掲載した、ほかの年の六十干支も参考にしてみましょう。

2013年は六十干支であらわすと「癸巳《みずのとみ》」です。この六十年前も同じ「癸巳《みずのとみ》」の年になります。つまり、1953年（昭和二十八年）です。十干と十二支の関係は後ほど詳しく説明しますが、「癸巳《みずのとみ》」は「水」と「火」の対立関係で、立ち上る火を天からの雨で消されてしまうという暗示があります。

それでは、1953年「癸巳《みずのとみ》」の年に起こったことを見てみましょう。

政治の世界では、吉田茂総理大臣が社会党の西村栄一に向かって「馬鹿野郎」と発したことから衆議院が解散する騒動となった「バカヤロー解散」で、吉田首相率いる自由党は選挙で大敗を喫しましたが、総選挙で5月には第5次吉田内閣が成立します。

3月には、ソビエトのスターリンが亡くなった影響で日本の株価は暴落し、後に「スターリン暴落」と呼ばれ、6月まで続きますが、8月ごろから回復するも低迷し、翌年の神武景気まで待たなくてはなりませんでした。

6月に九州地方を中心に758名の死者を出した集中豪雨が発生（西日本水害）。

7月には和歌山県を中心に死者・行方不明者1046名を出した集中豪雨が発生(紀州大水害)。

8月には京都府南部を中心に死者105名（南山城豪雨）。「集中豪雨」という言葉が新聞に初めて掲載されたほどの豪雨の被害が大きかった年でした。

また、この年から問題になったことがあります。竹島問題です。韓国船が竹島に上陸をはかった海上保安庁の巡視船を銃撃し、その後すぐに日本政府が日本領を主張しました。

では、2013年「癸巳《みずのとみ》」の年には、何があったかというと、次の通りです。

政治ではアベノミクスを発令、日銀が異次元の金融緩和を決定し、5月には日経平均株価が1万5000円台を回復したにもかかわらず、やはり、思うような景気回復には至らずデフレ脱却はなし得ませんでした。

7月には、山形県を中心に1週間以上豪雨が続き、浄水場の処理が追いつかず村山地方で最大約4万世帯が断水しました。また、山口県と島根県の県境で大雨が降り、山口県内で観測史上最大の雨を観測し、島根県津和野町では島根県内で観測史上最大の降水量を記録しました。

さらに60年前の1893年「癸巳《みずのとみ》」に自然災害については、『明治時代の主要災害一覧』の項目に「明治二十六年十月十三日、近畿地方以西風水害」について記載があり、「台風が西日本に襲来し、近畿地方以西の各地に風水害が発生、熊本・大分・佐賀・

岡山・島根・鳥取各県の被害がとくに大きく―略―岡山県で高梁川・旭川が氾らん、宍道湖があふれて松江市が水浸しになるなど山陽・山陰地方で大水害起きる」とあります。なお、死者は「岡山県423人」とされているので、大変な水害の被害です。

このように、「癸巳《みずのとみ》」の年は水害が多発する年でもあるのです。

また、同じく2013年「癸巳《みずのとみ》」の年の「竹島問題」は、日本の外務省が「竹島は日本固有の領土」だと説明する「竹島に関する動画」をネット上で公開し、それを受けて、韓国が「独島の日」と定めている10月25日に韓国軍が、初の上陸訓練を行い、竹島をめぐる日韓関係はこれ以後、緊張状態が続いています。

1953年以降、竹島を韓国が武力行使によって占拠し、60年後に韓国軍が上陸訓練を行ったという経緯は注目に値します。

では、次の年、2014年は「甲午《きのえうま》」の年で、その60年前は1954年です。

この「甲午《きのえうま》」は、大木に火が移り、盛んに燃えあがって収拾がつかない状態を暗示しています。

後ほど詳しく説明しますが、「午《うま》」というのは特別な十二支です。実は、この「午《うま》」の年は〝火〟と〝水〟にまつわる事象に注意しなければならない年といえます。

１９５４年と２０１４年の「甲午《きのえうま》」の両年の事件を中心に比較してみると、２０１４年の船の事故として、学生多数を乗せたセウォル号の難破事件が記憶に残っていると思いますが、日本においても１９５４年の「甲午《きのえうま》」の年、９月に洞爺丸事件が青函航路で台風第15号により起こった、日本国有鉄道（国鉄）の青函連絡船洞爺丸が沈没した海難事故があります。

死者・行方不明者あわせて１１５５人に及ぶ、日本海難史上最大の惨事です。また、10月には、神奈川県の相模湖で遠足の中学生らを定員オーバーで乗せた遊覧船が沈没し22名が亡くなる「内郷丸遭難事件」が起こっています。

２０１４年「甲午《きのえうま》」の年に自衛隊の「集団的自衛権の行使を認める憲法解釈の変更」を閣議決定したことが大問題となっていますが、１９５４年「甲午《きのえうま》」の年は、自衛隊発足の年であり、日本再軍備へ防衛２法が施行され、防衛庁が総理府の外局として設置されました。このときもその違憲性が大きな問題になりました。

1954年「甲午《きのえうま》」の年には、3月にビキニ諸島で水爆実験、日本の遠洋マグロ漁船第五福竜丸が米国の水爆実験によって発生した多量の放射性降下物（いわゆる死の灰）を浴びたことは、たびたびテレビでも取り上げられていますが、2014年「甲《きのえ》午《うま》」の年には、御嶽山が噴火したため、登山者ら58名が死亡した、日本における戦後最悪の火山災害がありました。

水爆と御岳山の噴火は、災害の種類は違いますが、「大きく燃え上がった灰が降り注ぐ」という暗示が「甲午《きのえうま》」から読み取れるのです。

では、東日本大震災があった年、2011年をチェックしてみましょう。

この年の六十干支は「辛卯《かのとう》」です。「辛卯《かのとう》」は、字のごとく「辛《つら》い」年で「天からの力でなぎ倒される」のをじっと辛抱しなければならないという暗示があります。そして、その下にある「卯《う》」とは、〝人〟〝建物〟を象徴しているという年です。

60年前の「辛卯《かのとう》」である1951年の自然災害を確認してみると、大きな地震の被害はありません。10月に「ルース台風」が九州に上陸、速い速度で九州を縦断、山口県・島根県を経て日本海に出て、北陸・東北地方を通って三陸沖に進んで大きな被害をもたらしました。死者572名、行方不明者371名、負傷者2644名の大災害でした。地震ではなく、台風による水害でした。

しかし、さらに60年前にさかのぼる1891年には、「濃尾地震」という日本史上最大の内陸地殻内地震が起こっています。ウィキペディアには「――『美濃《みの》・尾張《おわり》地震』とも呼ばれ、辛卯の年に発生したことから辛卯震災と呼んでいる報告書もある（死者は7273名、負傷者17175名、全壊家屋は14万2177戸を数えた）」と記載されています。このように、「辛卯《かのとう》」には大地震の暗示があり、240年前の1771年には、マグニチュード7以上の大地震と大津波が、矢島諸島の八重山列島を襲った「八重山地震」（死者・行方不明者12000人、家屋流失2000戸以上）の記録があります。

それでは〝原発〟はというと、まだこの時代に原発はありません。ただ、因縁深いのは、1951年「辛卯《かのとう》」の年の5月にそれまでの日本発電会社が解体し、各地域の電力会社が発足しています。つまり、奇《く》しくもこの年に東京電力が設立されているのです。

いかがでしょうか。

大まかではありますが、六十干支の意味合いが暗示している事柄がその年に起こっている事実を確認していただけたでしょうか。

このように「癸巳《みずのとみ》」の年であれば、世の中の流れが「癸巳《みずのとみ》」のもつ意味合いによってうねりを生じ、自然災害をはじめ、事件や事故が発生しています。ですから60年後、120年後と同じ六十干支の年にも同様なことが起きやすいのです。

もちろん、災害や事件などがまったく同じことが起きるというわけではありません。その干支が持つ深い意味合い、たとえば「癸巳《みずのとみ》」が持つ深い性質を知ることによって、そこに何が起ころうとしているのかキーワードを見つけることができます。そのキーワードに関連した何かが起きるだろうと予想できるということなのです。

さて、主だった年表と干支の流れを書きましたが、実際はすべての年表と干支の流れは怖いほど合っています。ご興味がある方は自身で年表を調べると、より干支の持つ深い意味に気づくことでしょう。

怖いついでにもう一つ。

前記した２０２０年「庚子《かのえね》」の年、コロナで世界が翻弄され始めた年。

これを日本でみると１９６０年「庚子《かのえね》」の年に北海道から小児麻痺が流行。２０２０年のコロナも北海道が一時、感染者が爆発的に増え大変でした。

ここからはまだ検証ですから仮説です。六十干支をさらにさかのぼります。２０２０年「庚子《かのえね》」の60年周期×３＝１８０年。すると、１８４０年になります。

その年、清（中国）はアヘンをめぐってイギリスと戦争になり、多大な死者や被害を出しました。結末は、わずか3年半ほどで清はイギリスの近代的武力の前に降参します。その時の降伏条件としてイギリスは香港を植民地としたのです

そもそもアヘン戦争自体、イギリス主導の東インド会社がインドにてアヘンを医療用として諸外国に輸出し多大な利益を上げていたことに端を発しています。その最た

る貿易国が当時の中国です。中国はそのアヘンの使途から国民にたくさんの中毒患者が増え、アヘンが蔓延したことから東インド会社のアヘンを焼却しました。それが戦争の火ぶたになりアヘン戦争が起きました。

もう一度振り返りましょう。2020年、はじめは香港問題が激化していました。新型コロナ蔓延は中国武漢で問題が起きたと報道されました。イギリスは当初から香港問題に異議を唱え、コロナ蔓延も米国よりも流行が早かったということ。

概要的な出来事ですが、1840年、2020年両年、奇しくも「庚子《かのえね》」の年……。その後、1900年の「庚子《かのえね》」の年から、清で義和団事件など外国人を排除する争いが起きました。

今、欧米ではアジア人排除の問題も起きています。

さて、もしも180年前の「庚子《かのえね》」の流れがこれからもリンクしてくるならば、コロナ問題は、2022年過ぎるまで引きずる可能性があります。

これは仮説ですから、さらなる検証が必要ですが……。

第2章

「陰陽五行論」と干支学

六十干支を学ぶ前に

「六十干支《ろくじゅっかんし》」の歴史は古く、後漢（紀元前25年―220年）の時代には、六十年周期で干支が暦に使われるようになったといわれています。日本へは、欽明《きんめい》天皇（西暦500年頃）の時代に百済《くだら》から、暦の専門学者によって伝わりました。一説によると、日本で暦として実用化されたのは、692年「壬辰《みずのえたつ》」からのようです。

余談ですが、「辰《たつ》」の特別な意味はここからきているものです。

まず、この干支を読み解く前に、「干支学」の根底ある古代中国の思想体系を理解しておかなければなりません。それが、「陰陽五行論」という思想、考え方です。

この章では、「陰陽五行論」をできる限りわかりやすく解説していきます。

「陰陽五行論」の解説といっても、今や書籍はもちろん、ネットなどでも簡単に目にすることができます。占術や東洋医学などに携わっている人ならば、この考え方を十分に身につけていなければならないからです。

また、「陰陽五行論」は古くから日本の風土に溶け込んでいる思想でもあります。とくにお寺や神社などには、その思想が色濃く残っていますが、それは、日本古来の「神道」や「仏教」の教理に組み込まれているからです。さまざまな祭りや儀式、風習・風俗にまで浸透しています。

一つには、奈良時代に「陰陽五行論」をまとめ上げた『五行大義《ごぎょうたいぎ》』という書物が日本に伝わり、陰陽師《おんみょうじ》をはじめ、神道、仏教、儒学の学徒らとともに、貴族や文化人にまでも広く読まれたことによります。

さて、本書では、あくまでも「投資に役立つ干支学」というテーマにそって書き進めていきますので、この古代中国の思想体系である「陰陽五行論」を詳しく紹介するつもりはありません。日本の社会、経済の流れ、景気の動向を知るための「干支学」を学ぶ上で、最低限に必要な「陰陽五行論」をお伝えしようと思います。

いずれ私は、運命学としての「干支学」を書いてみたいとも考えています。なぜなら、現在、一般的に知られる「陰陽五行論」は、少々誤った解釈で流布されているからです。本書でも、その一端を解説しましたが、もし興味を持たれたならば、さらに深く「陰陽五行論」「干支学」を学ばれることをお勧めします。

「陰陽思想」と「五行論」

「陰陽五行論」とは、「陰陽思想」と「五行論」という二つの考え方が統合された思想です。「陰陽」の概念が先で、それから「五行」の考え方が現れ、統合、体系づけられたといわれています。

それでは、まずはじめに「陰陽思想」とは何かを説明しましょう。

「陰陽思想」は、紀元前の昔、古代中国大陸に住んでいた人たちが自然を精緻《せいち》に観察して得た結果、生まれた世界観だといわれています。

古代の人たちは自然の移ろいを注意深く観察しました。昼間は太陽が昇り、あたりは光に包まれ物事がはっきりとわかります。そして太陽が沈み、月が出るとあたりは闇に閉ざされ、わずかな月の光を頼りにしなければなりません。

この昼と夜という一日は、繰り返され循環していることを経験的に知りました。ときどき、曇ったり、雨が降ったりするけれども、これは不変の法則だということを得て、太陽を象徴とする「陽」と、夜の闇を象徴とする「陰」の循環で、この世界は流れていくことを発見したのです。そして、この「陰」と「陽」の相反するダイナミズムによって、この世の森羅万象《しんらばんしょう》が成り立っていると考えるようになりました。

この世のすべては、この「陰」という側面と「陽」という側面を持ち、それが絶えず循環していくことで、「中庸《ちゅうよう》」が保たれるという考え方に発展していくのです。

●太極図と陰陽表

太極図

宇宙の根源である太極の中に陰陽が生じている様子を表わした有名な太極図。
道教のシンボルとして知られている。

陽	陰
天	地
太陽	月
光	闇
晴	雨
春	秋
夏	冬
東	西
南	北
熱	冷
動	静
剛	柔
表	裏
高	低
上	下
左	右
外	内
男	女
父	母

つまり、陰とは、地、月、闇、雨、冷、静、裏、女、母、マイナス……

陽とは、天、太陽、光、晴、熱、動、表、男、父、プラス……


このように陰陽を分けて見ていくと、どうしても対立する善悪の二元論を考えてしまいますが、陰陽とは、あくまでもあるモノや現象を成り立たせている異なった二つの側面という意味です。

さらに古代の賢人たちはこの陰陽の考え方を深めて、陰陽の持つ微妙な性質を見出しました。それは、以下のようにまとめることができます。

陰陽には、陰だけ、陽だけと単独で存在することはなく、陰があれば陽があり、陽があれば陰があるという、お互い依存関係にあるとする「陰陽互根《いんようごこん》」。

陰と陽がお互い制御し合って、常にバランスをとっている「陰陽制約《いんようせいやく》」。

陰が増えれば、陽が減り、陽が増えれば陰が減るという、量的な変化が行われるとする「陰陽消長《いんようしょうちょう》」。

さらに陰がある極限まで増えると陽に転化し、陽が極限まで増えると陰に転化する

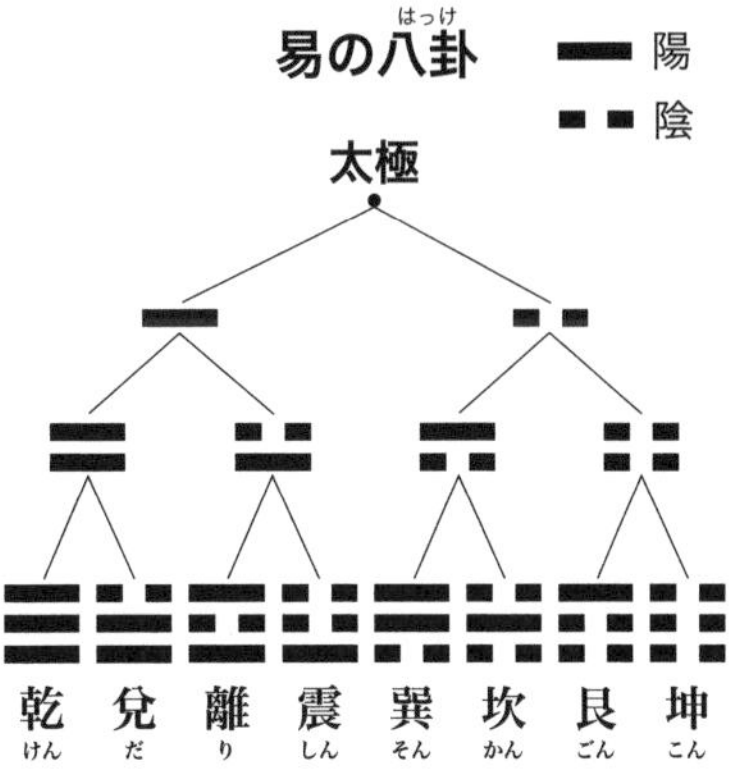

太極から陰陽が分かれて八卦が創られた

「陰陽転化《いんようてんか》」。

また、陰のなかにも陰と陽があり、陽のなかにも陰と陽があるとする「陰陽可分《いんようかぶん》」。

というような、五つの法則によって成り立っているとしたのです。

このように陰陽とは、単なる二つの異なった性質のものではなく、微妙で複雑な関係性をもっています。

この「陰陽論」は、さらに妙なる事象の表現を求めて、陰陽の組み合わせを増やし、より哲学的な体系へと発展していきます。それは後に「易《えき》」となり、「易経《えききょう》」という書物に結実していきます。この「易経」は、道教のバイブルになり、その後、さらなる深遠な中国思想体系を生むことになります。

＊易経……陰陽の対立と統合により、森羅万象の変化法則を説く。著者は伏羲《ふぎ》といわれる。

少し違う角度で陰陽を解説すれば、例えばドラマや映画では、ヒーローに対してダークな悪役がいてこそ成り立つストーリーが多くあります。つまり、陽に対して陰がある両者のバランスがあるからこそ成り立つエンタテイメントであり、その両者のパワーが強ければ強いほど、両雄のアクが濃ければ濃いほど、興行成績も上がります。ハリウッド映画を思い起こせばご理解いただけると思います

二極の陰と陽は交わらないが、うまく調和している現象は、時代を超越して人々に繋がり続けます。

例えば、イエスは馬小屋で産まれたとされます。キリスト（救世主）として、若き頃から貧しい庶民の味方となり声を上げました。旧約聖書にある救世主を求め、人々は彼の話に耳を傾けました。しかし、それを良しとしないユダヤ教の一部の人たちがローマ帝国の一長官に依頼し、イエスをこの世から亡き者にしました。

しかし、磔《はりつけ》になり、ロンギヌスの槍にて亡くなったはずのイエスが、多くの民の前に現れて彼らを勇気づけたという噂が立ち、イエスこそがキリストだと人々は語るようになりました。

この陰と陽の関係、交わらない調和が今も世界一の信者をまとめているのかもしれません。

さて、次に「五行論」を解説しましょう。

「五行論」とは、この世の万物を成り立たせているものは、「木《もく》、火《か》、土《ど》、金《ごん》、水《すい》」という五つの要素である、という一見して物質の根源論のような考え方が基礎となっています。

しかし、古代ギリシャのデモクリトスが唱えた原子論（究極の物質とは何か）というような科学思考的なものではなく、この世を構成するのは、異なった五つの性質と、その関係性で成り立っているという考え方です。

つまり、「木《もく》、火《か》、土《ど》、金《ごん》、水《すい》」という五つの要素が、お互いに影響を与え合い、その生滅盛衰によって天地万物が変化し、循環しているという観念論なのです。

この五つの要素である「木《もく》、火《か》、土《ど》、金《ごん》、水《すい》」もまた、古代中国大陸に住む人たちが一年の四季の微妙な変化を観察して得た結果でもあるのです。

それぞれの性質は次の通りです。

木とは、草花、樹木の成長・発育する様子を表す「春」の象徴です。「曲直《きょくちょく》」の性質といって、まっすぐに伸びる、曲がって伸びることから「発展」「成長」を意味します。

火とは、光り輝く太陽や火のような性質を表す「夏」の象徴です。「炎上《えんじょう》」の性質といって、明らかにする、上昇するということから「明らか」「盛《さか》ん」を意味します。

土とは、田園のように万物を育成・保護する、山のように動じない性質を表す「季節の変わり目（土用）」の象徴です。「稼穡《かしょく》」といって春の種まき、秋の収穫という「生化《せいか》」「受納《じゅのう》」を意味します。

金とは、金属物による冷たさ、確実さ、そして収穫を表す「秋」の象徴です。

実りの秋は、次の収穫を考えるときでもあります。春や夏に枝を落としては木は枯れ、実りに繋がりません。ですから実りの後から枝を切ったり間引きます。従って変わるタイミングの「革命前夜」「改革」も意味します。

水とは、命の泉をもって寒涼、閉蔵を表す「冬」の象徴です。「潤下《じゅんか》」の性質といって、潤《うるお》いを与え、下に流れ落ちることを意味します。

このように四季の移ろいを注意深く観察することによって、五つの微妙な性質を感知し、その相互作用によって森羅万象が成り立っていることを発見しました。つまり、五行の「木《もく》、火《か》、土《ど》、金《ごん》、水《すい》」とは四季の性質を象徴しているのです。

ですから、春、夏、秋、冬という明快な四季をもつ日本の風土ならばこそ、この五行、ひいては「陰陽五行論」が機能しているといえるのです。

さて、この森羅万象を駆使し軍師として名を馳せたのは三国志で有名な諸葛孔明《しょかつこうめい》かもしれません。彼のような軍師は天文官といわれたそうで、星の動きを観て季節を読み、金（剣、槍）だけでなく、地（土）を観ることにより、火計や水計を使い、木（城や人々）を攻略しました。

箸休《はしやす》め……諸葛孔明も自身が没する前に自身の命を予見しましたが、亡き主君、劉《りゅう》備玄徳《びげんとく》からの悲願達成のために神前を造り祈祷したとの伝えもあります
その諸葛孔明だけでなく、日本にも星を観る達人として有名な人がいました。それが安倍晴明《あべのせいめい》です。彼は陰陽師《おんみょうじ》として有名ですが、実は星を観る、天文学に熱心であり、その足跡は今も京都にあります。

両名とも祈祷を生業《なりわい》とし北斗七星や北極星、またはオリオン座に注目し、あらゆる事象を読んでいたようです。

そしてもう一人、星を読み、方位を選び２６５年に及ぶ国を治める礎を造った人物がいます。それが徳川家康です。江戸から真北に東照宮を建立し、自らを奉じた家康は、真北という方位にこだわったようです。また江戸城自体も方位にこだわったようで、奇しくも今でもそこが、ある意味日本の中心です。

この家康からのメッセージ、成功、繁栄に関わるのは間違いないかもしれませんね偉人たちの天文学も陰陽五行論と深い繋がりがありますが、また機会があれば……。

五行の性質一覧表

●五行の表

	木《もく》	火《か》	土《ど》	金《ごん》	水《すい》
一日	朝	昼	変わり目	夕	夜
季節	春	夏	土用	秋	冬
方位	東	南	中央	西	北
色	青	赤	黄	白	黒
五臓	肝	心	脾	肺	腎
五情	喜	楽	怨	怒	哀
五指	薬	中	人差し	親	小
五官	目	舌	口	鼻	耳
五味	酸	苦	甘	辛	鹹《しおからい》
五穀	麻	麦	米	黍《きび》	大豆
五獣	青龍	朱雀	龍	白虎	玄武
五徳	仁	礼	信	義	智

五行の相性《そうしょう》と相剋《そうこく》

では、この五行である「木《もく》、火《か》、土《ど》、金《ごん》、水《すい》」がどのような関係性を持っているのかということを解説しましょう。

5つのそれぞれ異なる性質をもつ五行ですが、相手を「生み出す・助ける、生み出される・助けられる」という関係を「相生《そうしょう》」といいます。反対に、相手を「剋《こく》す・やっつける、剋《こく》される・やっつけられる」関係を「相剋《そうこく》」といいます。

次の図を参照にするとわかりやすいので、その図に従って解説します。

上の図が「相生《そうしょう》」の関係ですが、「木《もく》、火《か》、土《ど》、金《ごん》、水《すい》」の隣同士が、助ける、助けられるという良い関係になっています。

下の図が「相剋《そうこく》」の関係ですが、「木《もく》、火《か》、土《ど》、金《ごん》、水《すい》」の一つおきの五行に対して剋す、剋されるという厳しい関係になっています。

五行の相生と相剋

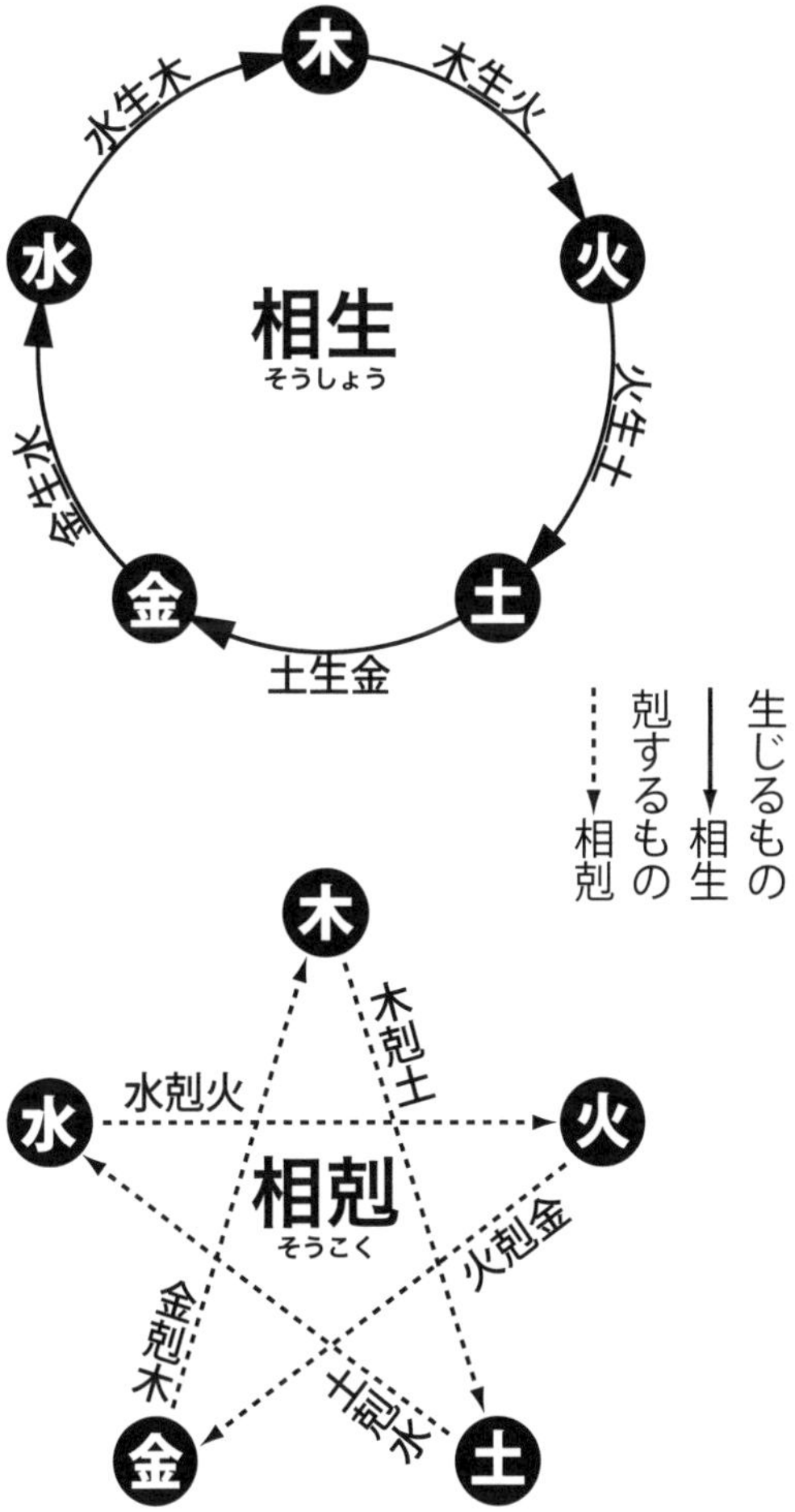
木
火
土
金
水
木生火
火生土
土生金
金生水
水生木
相生《そうしょう》
生じるもの ⟶ 相生
剋するもの ⇢ 相剋
木剋土
土剋水
水剋火
火剋金
金剋木
相剋《そうこく》

相性の関係

「相生《そうしょう》の関係」とは、前図のように順次に相手を生み出す、助ける陽の関係をいいます。

「木生火《もくしょうか》」木は燃えて火を生む。
「火生土《かしょうど》」火が燃え尽きると灰が残り、灰は土に還る。
「土生金《どしょうきん》」土の中に金を得ることができる。
「金生水《きんしょうすい》」金属の表面には水が生じる。
「水生木《すいしょうもく》」水によって木は育ち繁る。

「相生《そうしょう》」の関係は、生じられた五行が盛んになる、強くなります。同時に、エネルギーを出す、受ける意にもなります。

相剋の関係

「相剋《そうこく》の関係」とは、前図のように相手を剋《こく》してしまう陰の関係をいいます。

「木剋土《もっこくど》」　木は根を地中に張って土を締め付け、養分を吸い取って土地を痩せさせる。

「土剋水《どこくすい》」　土は水を濁し、あふれる川などを堰《せ》き止める。

「水剋火《すいこくか》」　水は火を消火する。

「火剋金《かこくきん》」　火は金属を熔かす。

「金剋木《きんこくもく》」　金属の斧などは木を傷つけ、切り倒す。


「相剋《そうこく》」の関係は、剋されるほうは、ダメージを受けて弱くなります。同時に、エネルギーを使う、使わされる意にもなります。

この「木《もく》、火《か》、土《ど》、金《ごん》、水《すい》」に、前述の「陰陽論」が取り入れられ、それぞれの五行に陰陽の性質が組み込まれました。「木」にも陰陽があり、「火」にも陰陽があるという具合です。このようにして「陰陽五行論」が成立したとされるのです。

五行サイクルの秘密

一般的に、以上のような説明によって「陰陽五行論」は認知されています。

このような五行のサイクル「木《もく》、火《か》、土《ど》、金《ごん》、水《すい》」の、隣同士《となりどうし》は相性《そうしょう》「生み出す、生み出される」であり、一つおきの五行では、相剋《そうこく》「剋《こく》す、剋《こく》される」の関係となります。

わかりやすく表現すれば、そのエネルギーをもらったり与えたりする関係が「相性《そうしょう》」であり、一つおきの五行では、そのエネルギーを消耗させたり、消耗させられたりする関係が「相剋《そうこく》」であるといえます。

そのことから、多くの人たちは、「木が火を生じ、火は土を生じ、土は金を生じ、金は水を生じ、水は木を生じる」というような循環を五行の相性としてイメージされ、一方、「木は土を剋し、土は水を剋し、水は火を剋し、火は金を剋し、金は木を剋す」という五行の相剋《そうこく》を覚えるのです。

ですから、五行といいますと、「木《もく》、火《か》、土《ど》、金《ごん》、水《すい》」とお題目のように唱える専門家が多いために、「陰陽五行論」を学ぶ初学者は、それに習って「木《もく》、火《か》、土《ど》、金《ごん》、水《すい》」とそらんじて何の疑問もありません。

しかしながら、私の理解している五行の流れは少し異なります。通説の五行の解釈と多少違っていますので、ここでそこにポイントを絞って解説したいと思います。

通説の「陰陽五行論」を疑いなく理解している人たちには、これから私が解説する「陰陽五行論」に違和感を覚えるかもしれません。けれども、五行の世界観を知る上で、みなさんにぜひとも知っておいてほしいのです。

それは「木」から始まる「木《もく》、火《か》、土《ど》、金《ごん》、水《すい》」と循環する相性の輪には矛盾点があり、実は、その矛盾点こそが人間の存在のあり方を意味しているのです。

つまり、この五行の輪には、人間がなしてきたこと、またその過《あやま》ちが組み込まれているのです。

ですから、次項を読んでいただき、本来、五行が示す自然のサイクルに人間がどのように関与しているかに気づいてほしいのです。

“水”から始まる五行の自然サイクル

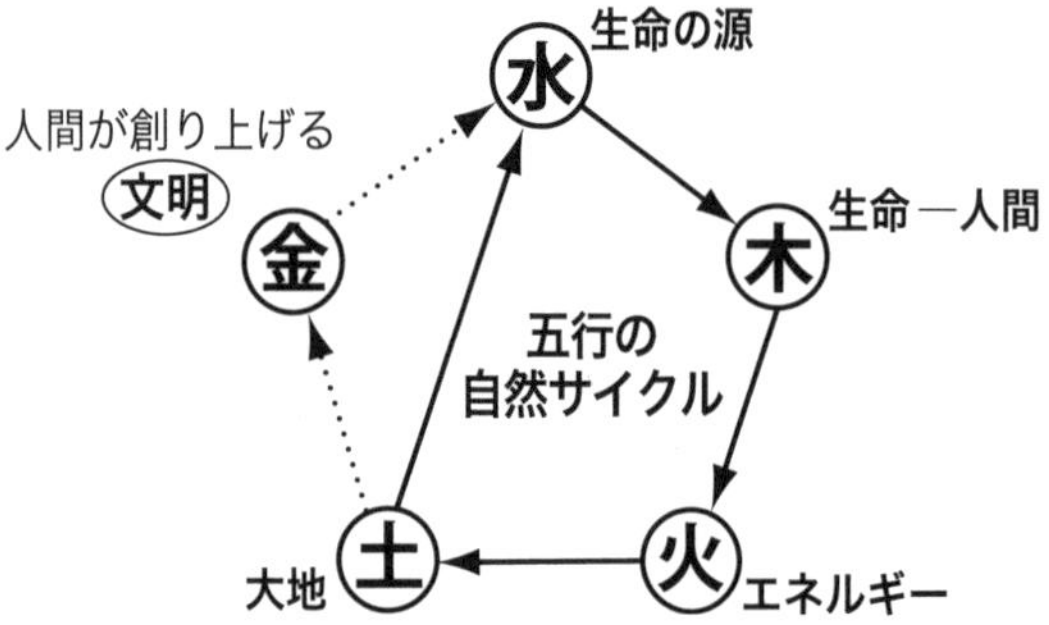

この五行の自然サイクルのバランスが崩れると災害となる

五行の本当の意味

五行における森羅万象の始まりは、「木」ではありません。実は「水」なのです。「水」からすべてが始まります。

それはさながら古事記のイザナミとイザナギが、大地のないところに島をつくったように――神々は、天孫降臨だけでなく海から現れたり、海や河川に関わる有名な神が多いように水は、始まりでもあります。そして水は塩であり、そこから塩は祓《はら》い清めに繋がります。

さて、水の一滴が「木」を育てるのです。「木」が薪《まき》になって「火」の元になり、燃

現代五行の象意

	さまざまな分野を五行に当てはめる
水	生命の源、教育、考える、液体
木	生物、人間、植物、農作物、建物
火	エネルギー、景気、金融、マスコミ、芸能
土	大地、衣食住に関するもの、葬式、ペット
金	文明、武器、家電、自動車、携帯などの利器

え尽きると「土」に帰るのです。後で詳しく説明しますが、「水」は、生命体の象徴である「木」を育て、「火」という活動を行い、その生命体が亡くなると「土」になるということなのです。この五行のなかで唯一の生命体である「木」は人の象徴でもありますから、人の一生とも解釈できます。

このように「水↓木↓火↓土」は自然の流れです。何の矛盾もなく相性が成り立っています。

一般的に陰陽五行を学んでいる、たとえば中医学や漢方が専門の方、鍼灸師、占術家に至るまで五行論を額面通りに受け取ってしまい、五行の本当の意味合いを考えていないので「木」から始まる通常の「木、火、土、金、水」という流れが、相生関係の自然のサイクルだと信じています。確かにそれでも循環をみることができますが、そのイメージは五行の本質を捉えていません。

なぜなら、どう考えてみても、従来いわれているような「土」から「金」は生まれません。矛盾しているのです。それを疑問に思わなくてはなりません。

「いやいや、『金』は鉱物で、土が育てるんだよ」という理屈を唱える人もいますが、そもそも「金」は人が手を加えたもので、土から出てくるのは鉱物や石です。ましてや「金」が「水」を生むことはありません。厳密にいうと、「土↓金↓水」は自然の流れではないのです。

余談ですが、唯一、不思議な流れがあるのは金、ゴールドです。なぜならその多くは砂金という河の中から出てくるからです。「水」↓「金」の流れですから、「金」のゴールドには特別な意味があるのです。その解説はまたの機会に。

視点を変えて話しましょう。

人間は七十パーセントが水分でできているといわれるほどに、「水」は重要な役割をしています。それは人間ばかりでなく生き物のほとんどが「水」を必要としています。万物は「水」から生まれ、「水」に育てられるのです。

自然界、地球も生命体ですから、「水」はすべての源といってもよいかもしれません。五行の「木」は人はもちろん、生命体を象徴しており、「水」というのは、すべてを生み出す元始の象徴、生命の源なのです。

ですから、「水」から生まれた生命体の「木」が「火」のエネルギーによって燃え上り（活動）、成長して、いずれ死を迎え「土」に帰るという流れが自然であり、そしてまた、あらたに「水」から生命が生まれるのが森羅万象のサイクルといってもよいのです。

では、いったい五行の「金」は何を意味するのか。

五行の「金」は、鉱物、金属、鉄製品の斧とかはさみなどが従来の考え方なのですが、実は、「金」とは「文明」を意味しているのです。

「文明」、つまり人間が考え、「火」のエネルギーを使い、「土」などの材料を用いて創り出したものが、「金」の「文明」であると解釈すれば、五行の本当の意味が見えてきます。

この世で、「人間だけが許された行為、そこから生まれたもの」が、本来の「金」の意味合いなのです。それが「文明」というわけです。

そして、この五行論で「文明」として認められるものとは、「水」「木」「火」「土」を助ける役目を担っているのですが、その流れを壊すようなものは認められていないのです。

ですから、五行は「水、木、火、土」までが自然の流れで、「金」は、自然の流れから外れます。人間だけが持つ「文明」は、それでも五行の自然のサイクルを邪魔しなければ、何の問題もなくスムーズにいくはずです。

「金」は文明

「金」とは、「文明」であり、さらにそれは人間がやるべき「使命」の象徴なのです。「水↓木↓火↓土」の自然の流れのサイクルから、人間は「金」の文明を発達させました。ただし、この文明と認められる行為は、「水↓木↓火↓土」の自然サイクルを乱すような影響を与えてはいけないのです。この自然の流れに逆らってしまうと、直ちに問題が起こります。

わかりやすく言えば、人間は、生命体の象徴である「木」を脅《おびや》かすものを作ってはいけないということです。つまり「相剋」の「金」です。それが大原則なのです。逆に言えば、いくら人間の文明が発達しようと「水↓木↓火↓土」が象徴する性質のものは創り出すことはできないのです。人間が創れるのは「金」という文明の範囲だけということになります。ですから「金」とは、自然の流れをスムーズに、脅かすことのないことが重要なのです。

古今東西、未来永劫とも、人間は「水」「木」「火」「土」を創り出すことを許されてはいないのです。

人間が「水」を創ろうとか、「木」である生命体を創ろうとか、「火」であるエネルギーを創ろうとすれば、五行に反することになるので、そこには必ず問題が発生します。

たとえば、人間が原発のようなシステムを開発しても、そこには必ず災害が待ち受けています。自然のサイクルは私たちが考えている以上に強大で、その精妙な仕組みを理解することは不可能です。その五行の流れを壊すようなことを人間が行うことにより災害が起こり、警告を発するのです。人災やちょっとした事件なども、実は自然のサイクルに反することを行ったための結果であることも多いのです。

さらに深く見ていくと、文明である「金」は斧に象徴され、つまり武器を意味するのです。ですから、「金」の斧で「木」を切るという五行の相剋は、文明である「金」によって、生き物である「木」を剋す――ということを意味し、「金」の武器によって、「木」の人間が殺されるという構図である〝戦争〟が暗示されているのです。

「金」が過剰になれば、「木」が剋されるというのは、このような深い意味があるのです。

また、「火」であるエネルギーを過剰に消費しすぎることや、「木」を育む「土」に化学的な処置を施すなどは、自然のサイクルが壊れることになります。すると必然的に災害が起こり、「木」である生命体が死に絶えてしまうことになります

この自然のサイクルである「水→木→火→土」に、人間がたびたびちょっかいを出していると、災害や人災などが頻発し、結局それを修復するためにより多くの代償を払わなければならない状況に追い込まれます。

引き合いに出すのがはばかれるのですが、東日本大震災がそのよい例です。10年以上たってもまだ、メルトダウンした原発の処理さえもままならず、復興の目処《めど》が立たないような大きなダメージを与えられています。

「水→木→火→土」の自然のサイクルに過剰に手をつけてはならないのです。きれいに五行を循環させておくことが必要で、けっしてひずみを作ってはいけません。

もちろん、「金」の文明が何でもかんでも悪いということではありません。あくまでも「五行」の調和なのです。それを「金」だけが突出しては全体のバランスを欠い

てしまう。それが災害になって、私たちを脅かすのです。

あらゆる生命体の中で、人間だけが文明を持っているのです。それは人に与えられた「知恵」といってもよいのでしょう。ですからその「知恵」を働かせて、五行の自然のサイクルを乱さずに、より高度な文明を築くことが求められているのです。

この宇宙の仕組みとは、深淵にして精緻な「陰陽五行論」により成り立っています。それを象徴的に現しているが次章で解説する「干支」であり、そこから得られるメッセージをいかに読み解くかが人間の知恵なのです。そしてその知恵によって築かれていくのが、五行の「金」、つまり文明なのです。

このように、本来「陰陽五行論」には、人間の営みのあらゆるものが含まれています。人の運勢から国家の流れ、世界のすう勢まで、この「陰陽五行論」から外れることはありません。ですから、実際に日本の社会の一部のリーダーたちが、この「陰陽五行論」「干支学」を習得し、それを駆使してそれぞれの分野に大きく貢献しているのです。

さて、ここまで読み進めてくれた読者に、干支からひとつ、財運の深遠な流れをお伝えしましょう。

「金」は文明です。従って**「金」の年の時期は「文明いかばかり成るか」**のごとく、文明的なイベントが盛んになります。それは産業がオイルから電気に代わるように、また文明的な金融が盛んになったりします。

つまり、基本的に「金」は好景気を表しませんが**「文明盛ん成る」**です。

★２０２０「庚子《かのえね》」の年・証券口座開設増大、株価上げ、電子マネー増

★２０２１「辛丑《かのとうし》」の年・株価増、暗号通貨時価総額上……

それでは次章で干支の読み方を解説していきましょう。

第3章

「六十干支」が暗示するもの

十干と六十干支

この章では、いよいよ「六十干支」を解説していきます。

六十干支は、まず十干《じゅっかん》と十二支《じゅうにし》という二つのパートから成り立っています。上には十干が、そして下には十二支が組み合わされ、構成されています。

十干とは、甲《きのえ》、乙《きのと》、丙《ひのえ》、丁《ひのと》、戊《つちのえ》、己《つちのと》、庚《かのえ》、辛《かのと》、壬《みずのえ》、癸《みずのと》という十個の漢字で書き表わされます。いったいこの十干とは何なのか。

日本では戦前まで、順位を表す数詞として「甲《こう》、乙《おつ》、丙《へい》、丁《てい》……」という漢字が用いられていました。昔の学校の成績表などもみな「甲《こう》、乙《おつ》、丙《へい》、丁《てい》……」で記されていました。ですから多少日本人にはなじみのある十干なのですが、その歴史を探ると、やはり紀元前の中国大陸に起こった殷の時代から使われていた漢字であることがわかっています。

ある説によると、太古の人々が日々、昇っては沈む太陽を数えるための数詞であるとされています。つまり、日を数えるために使われた漢字であるというのです。

十干の五行と象徴

五行	木	火	土	金	水
十干《じゅっかん》	甲《きのえ》 乙《きのと》	丙《ひのえ》 丁《ひのと》	戊《つちのえ》 己《つちのと》	庚《かのえ》 辛《かのと》	壬《みずのえ》 癸《みずのと》
陰陽と象徴	(陽の木)・大木 (陰の木)・草花	(陽の火)・太陽 (陰の火)・灯	(陽の土)・山 (陰の土)・庭	(陽の金)・斧 (陰の金)・貴金属	(陽の水)・大海 (陰の水)・霧、雨

地球の公転の知識がなかった時代では、人の目には一日のはじめに東から昇る太陽が、その日の終わりに西に沈むという事実だけを信じていました。ですから、毎日昇る太陽が同じものだとは思えなかったのです。昨日の太陽と今日の太陽、明日の太陽と別々のものが昇っては沈んでいくと考えていたので、いちいち名称を与えていました。「甲《きのえ》の太陽、乙《きのと》の太陽、丙《ひのえ》の太陽、……」というようにです。

それが十の太陽を数えて一巡するのを「旬《じゅん》」といい、上旬の十日、中旬の十日、下旬の十日で約一カ月だということで、ごく初期の暦ができあがったといわれています。

さて、この十干もまた、陰陽五行の理論に基づいてそれぞれ性質があります。十干の読み方に注意してください。

甲は、「きのえ」、乙は、「きのと」、丙は、「ひのえ」、丁は「ひのと」、戊は「つちのえ」、己は「つちのと」、庚は「かのえ」、辛は「かのと」、壬は「みずのえ」、癸は「みずのと」という具合です。

陰陽論で、「○○え」を「陽」として剛を意味し、「○○と」を「陰」として柔を意味しています。

この十干は、前図のように五行に分類されます。それぞれの持つ意味を理解するのは少々厄介ですが、わかりやすくイメージしやすいように解説していきます。

甲《きのえ》と乙《きのと》は木の性質

同じ木でも、陽である「甲《きのえ》」は、一本の大木のイメージがあります。神社は陽なのでその地に立つ「ご神木」こそ、甲《きのえ》のイメージにぴったりです。

一方の陰の「乙《きのと》」は、色とりどりに咲きほこるお花畑のようなイメージです。同じ木でも森林の樹木ではなく、陰の性質をもつ草花というイメージなのです。

丙《ひのえ》と丁《ひのと》は火の性質

陽の「丙《ひのえ》」の象徴は、なんといっても太陽です。また、盛んな炎です。

一方の陰の「丁《ひのと》」は、ろうそくの火、灯《ともしび》といった火のイメージです。

戊《つちのえ》と己《つちのと》は土の性質

陽の「戊《つちのえ》」は、雄大な大きな山に象徴されます。どっしりとした不動の大山がその特徴です。

一方、陰の「己《つちのと》」は、田園や庭など、植物を育てる大地がそのイメージになります。

庚《かのえ》と辛《かのと》は金の性質

陽の「庚《かのえ》」に象徴されるのは、大きな刀、剣、斧です。他の五行と性質を異にしているのは、文明である金ですから、人が作ったもの、人が開発した武器に代表されるものをイメージしてください。

一方の陰の「辛《かのと》」は、刃物や貴金属を表しています。どちらも人の手によって作られたものです。また、「辛《かのと》」はちょっと特別な存在で、「最後の……」の意があります。

これはちょっと複雑で干支学でも上級者にならないとわからないことなので、今回は省きますが、「辛《かのと》」は二つの側面を持つ、「隠された力」のような意もあります。

壬《みずのえ》と癸《みずのと》は水の性質

陽の「壬《みずのえ》」は、海や大河に象徴されるスケールの大きな大自然の水というイメージです。一方、陰の「癸《みずのと》」は、雨や霧、雫などの水をイメージしてください。

十干は、別名「天干《てんかん》」といわれるように、天からの贈り物です。また、天の流れを意味しています。ネガティブに言えば、天災をも意味します。十二支と組み合わされ、十干十二支を「干支《かんし》」と呼びますが、十二支よりもはるかに十干の方が強力な流れというか、その年々に私たちに天からのテーマを与えています。

ですから、十干それぞれが持つ五行の影響を考慮し、判断して読み解くことが一つのカギとなるのです。

十二支と六十干支

私たちの普段の生活に、よりなじみ深いのは、十干よりもこの十二支だと思います。ほとんどの人が、「12の動物が毎年代わってその年を治めている」というような意味で理解しているのではないでしょうか。

年賀状に登場させたり、縁起物として十二支の置物を大切に飾っていたり、また、太歳神《たいさいじん》としてお祀りする地方もあるようですが、実は、それぞれの十二支のもっと深い意味を知ることで、面白いほどその年がわかる知識となり得るのです。

先ほどの十干が天の干支という意味で、「天干《てんかん》」と呼びましたが、十二支は、地上での方位や時の流れを支配することから「地支《ちし》」とも呼ばれます。

十二支もまた「陰陽五行論」によってその性質が定められています。また、一つひとつの十二支がもっている意味も、長い歴史を経てより複雑になり、単なる12の動物の性質とはかけ離れています。

次表にまとめて説明していきます。

子《ね》は、「陽」であり、五行は「水」、季節は冬の十二月で、時間は23時〜1時、方位は北を意味します。
丑《うし》は、「陰」で、五行は「土」、一月、時間は1時〜3時、方位は北東
寅《とら》は、「陽」で、五行は「木」、二月、時間は3時〜5時、方位は北東
卯《う》は、「陰」で、五行は「木」、三月、時間は5時〜7時、方位は東
辰《たつ》は、「陽」で。五行は「土」、四月、時間は7時〜9時、方位は南東
巳《み》は、「陰」で、五行は「火」、五月、時間は9時〜11時、方位は南東
午《うま》は、「陽」で、五行は「火」、六月、時間は11時〜13時、方位は南
未《ひつじ》は、「陰」で、五行は「土」、七月、時間は13時〜15時、方位は西南
申《さる》は、「陽」で、五行は「金」、八月、時間は15時〜17時、方位は西南
酉《とり》は、「陰」で、五行は「金」、九月、時間は17時〜19時、方位は西
戌《いぬ》は、「陽」で、五行は「土」、十月、時間は19時〜21時、方位は北西
亥《い》は、「陰」で、五行は「水」、十一月、時間は21時〜23時、方位は北西

元々はるか古代では、数字ではなくて十二支が数字の役割をして十二支そのものが時計の数字を表わしていたようですが、そこは定かではありません。

以上、十二支にはこのような意味があります。

十二支と時間

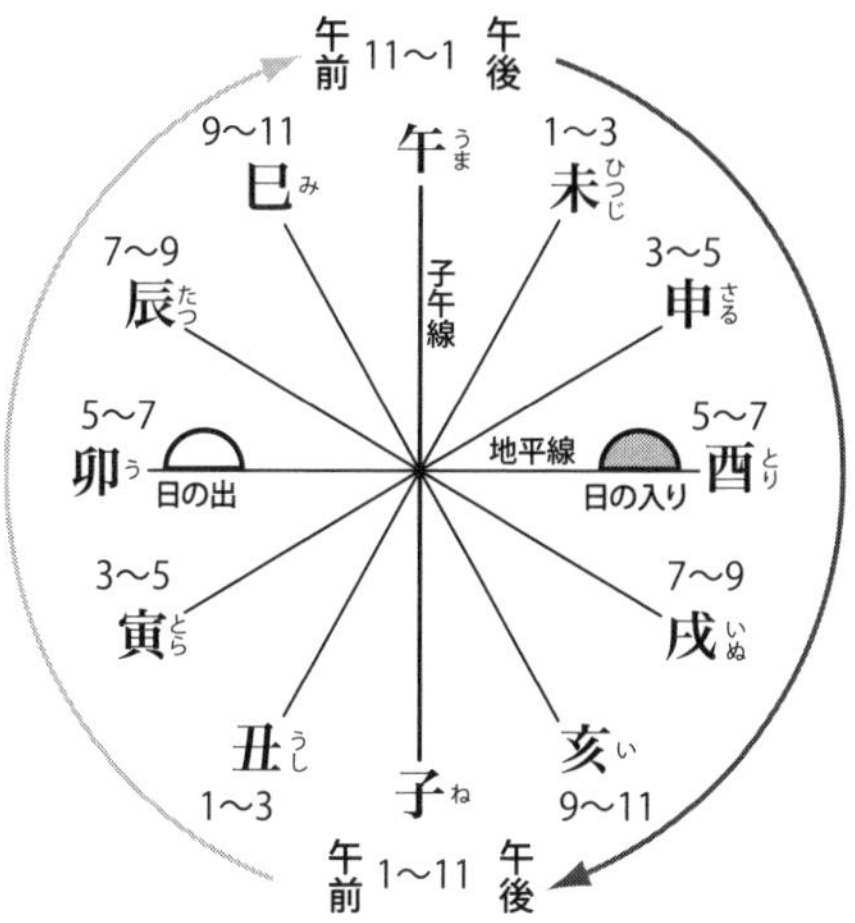

十二支と月、季節

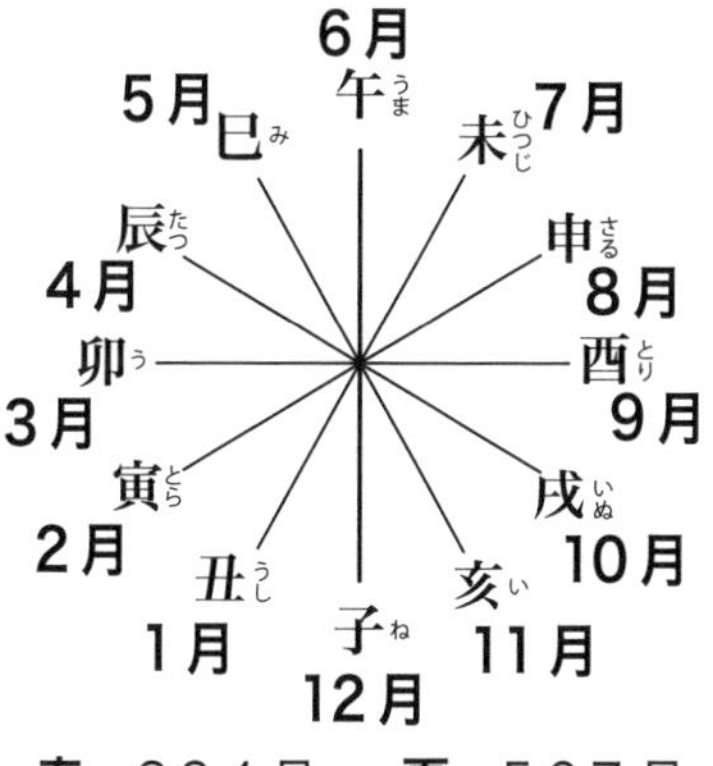

春—2,3,4 月　**夏**—5,6,7 月
秋—8,9,10 月　**冬**—11,12,1 月

十二支と方位

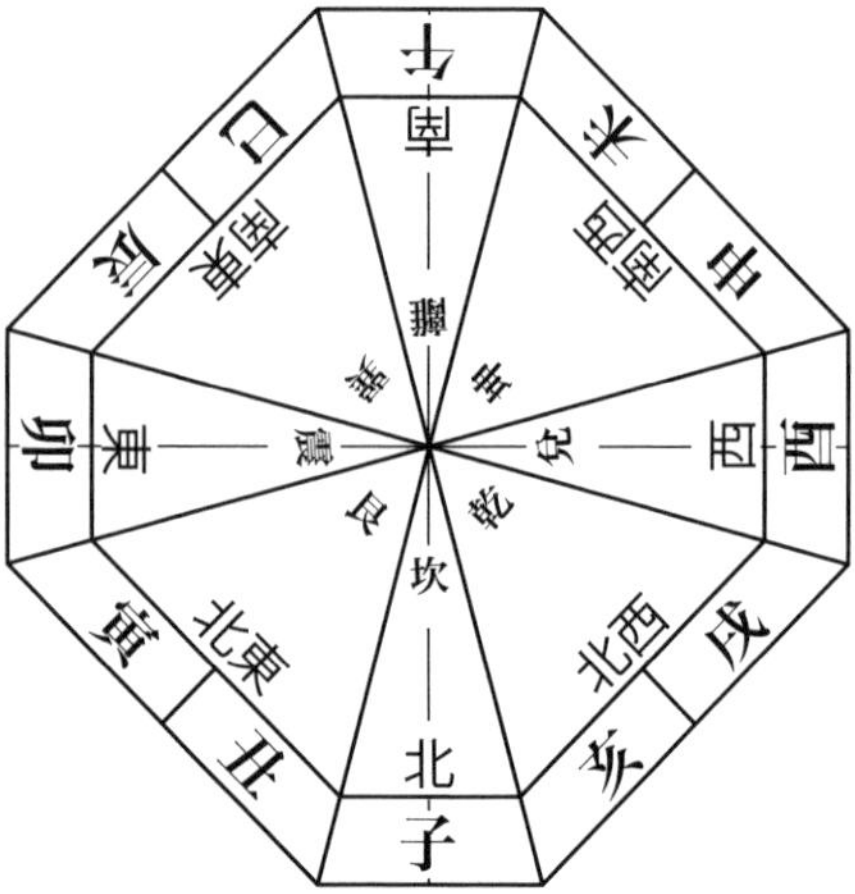

さらに十二支のそれぞれが持つ特徴をピックアップして、イメージしやすいように解説していきましょう。

子《ね》

子《ね》は、五行の中での「水」の親分です。しかも、季節は12月の真冬の冷たい水を意味します。温かい水ですと、本来の水の特性が失われます。それは水ではなくお湯となります。

「四正《しせい》」といって、子《ね》、卯《う》、午《うま》、酉《とり》は、強力なエネルギーを持っています。子《ね》、卯《う》、午《うま》、酉《とり》は、それぞれ北、東、南、西を表しているため特別に強いとされているのですが、この「四正《しせい》」は、後の章であらたに解説します。

とくに子《ね》の北と南の午《うま》は強力で、とても激しい作用をします。それは磁力を持っているからです。ですから、子《ね》と午《うま》は溶け込むことができません。磁石のNとSの関係のように反発し合うのです。それが自然現象です。

ですから、子《ね》と午《うま》が重なる年月日には、突発的な事件が起きやすいので充分な注意が必要となります。実際に、過去の「甲午《きのえうま》」の年には事件が多くありました。

丑《うし》

丑《うし》は五行の「土」です。唯一、子《ね》と相性が良いのが丑《うし》です。「支合《しごう》」と呼ばれ、結びつきが強いとされます。ですから、丑《うし》は水の影響で冷たい土になります。

冷たい土とは、「内包する」という意味を持ちます。何かが内在していて表に出てきていない状態を示しています。

このときに種付けを始めるとよいとされます。作物に限らず、この年に何かをスタートさせるには適した年といえます。

ただし、「内在するものが表に現れない」ということから、丑《うし》の時期に体調が悪くて病院で検査をしたり、人間ドックに入ってみても、病根は見つかりにくいといわれます。また、自分でも気づかないことが多く、無理をしてしまいがちになります。

さらに性格としては、引っ込み思案を暗示します。

寅《とら》

寅《とら》は、「木」の陽です。「虎、千里を走る」といわれ、その優れた行動力を発揮するように、陽気が一番強いのです。ですから、この時期は、引いてしまうよりも、何が何でも前に出た方がよいとされます。よく、亥《い》は「猪突猛進」といいますが、寅《とら》のほうがこの言葉のイメージに当てはまります。

また、「寅年《とら》は怖い」といわれますが、それは戦いを象徴しているからです。しかも、虎は竹藪に身をひそめて獲物をじっと待ち、一撃で仕留めるところから、偶発的な事件や事故というよりも、計画的な事件が起きやすいといえます。

何か問題が起こっても、その裏に計画性をもった組織や人などが介在しているので、解決には思いのほか長引く傾向があります。

卯《う》

卯《う》は東、酉《とり》は西になり、東西で対立する構図です。「金」である酉《とり》と「木」である卯《う》の関係は「金剋木《きんこくもく》」で、文明と人間の葛藤を表しています。原発で発電したり、半導体を用いた家電など、便利な生活のようなことかもしれません。

ですから、この時期の災害は、人為的なものが多く発生しやすいのです。国同士、人同士が対立しやすく、それが原因で問題が起きます。ただ、うまく融合すると、「平和」的な観念も生まれ、人や国の協調関係へと発展する可能性も秘めています。

辰《たつ》

辰《たつ》は、十二支中、唯一架空の動物である「龍」で、土の五行です。五行の土には、辰《たつ》のほかに丑《うし》、未《ひつじ》、戌《いぬ》と4つの十二支があります。この辰《たつ》と戌《いぬ》は、ちょっと変わった性質を持っているので、本書の最後の章で項目を設けて詳しく解説します。

巳《み》

巳《み》は、「火」の五行です。一般的に「金運」をもたらすといわれますが、「火」の五行ですから確かに金運はあります。それは、巳《み》がたんなる蛇とは違い、神のお遣いで縁起がよいからです。奈良の三輪大社には巳《み》が神の使いとしてあがめられ、今でも参拝に卵を備える人もいるくらいです。

巳《み》の時期には、神事、仏事を行うと通りやすく、祈りやお願いなども叶いやすいのです。蛇は、八岐大蛇《やまたのおろち》など悪の印象がありますが、それは虫偏《むしへん》がついているからですが、十二支の巳《み》にはそのような意味はありません。

午《うま》

午《うま》は、「火」の五行です。子《ね》の「水」の五行でも説明しましたように、とにかく何が起こるかわからない恐さがあります。

午《うま》年で、子《ね》月（12月）や子《ね》日、子《ね》の時間、子《ね》年で、午《うま》月（6月）午《うま》日、午《うま》の時間は、天干によって変わりますが、突発的な事故に注意しなければなりません。

また午《うま》は、午前午後のように分かれ目でですが、曖昧な時です。はっきりとしないというか不安定です。そして午《うま》は、心変わりの意があり、話が反故《ほご》にされたり、潮目《しおめ》が変わる場合があります。

未《ひつじ》

未《ひつじ》は「土」の五行ですが、とても厄介です。
「未《いま》だわからず」という意味合いを持つ未《ひつじ》ですが、「世間が騒ぐ」「意見が対立する」「二分する」などの現象が現れやすいといわれます。

実は、未《ひつじ》は天からの贈り物なのです。この未《ひつじ》は干支の流れの中で境、分岐点となります。午《うま》の分かれ目から分岐点に入るのが未《ひつじ》です。例えば、ある人がY字路に差し掛かるとします。左に行けども悩む。まだ引き返すことはでき、右に進路を変えることができる。そんな状況が未です。

「未《ひつじ》を境にどうなるか決まる」「未《ひつじ》年の決断で運命が決まる」といわれるほど、人生のターニングポイントとなるのです。

人生六十年、六十干支が廻る60年の期間に、未《ひつじ》年は5回ほどあります。未年の決断、何を選択するかで大きく運命が変わる、人生のターニングポイントが5回あるといえるのです。

申《さる》

申《さる》は「金」の五行です。申《さる》は知恵がある、頭がいい、人に近いというイメージがあると思いますが、確かに申年《さる》には、知的なもの、文化人、知識人がもてはやされ、注目される傾向があります。

申《さる》は「申《もう》す」との意味があり、この年には物申《ものもう》す人が多く出てきて、いろとりどりの論客が世に出てきては、さまざまな論争が繰り広げられます。しかも正論ではなく、屁理屈がまかり通る傾向があります。ですから申《さる》を持つ人は、賑やかな人がたくさんいます。

酉《とり》

酉《とり》は「金」の陰の五行ですが、陰気が強く、激しく卯《う》（木）と対立し剋します。

「辛酉革命《しんゆうかくめい》」とは、「辛酉《しんゆう》」の年には天命が改まり大きな社会変革が起るという古代中国の説があり、日本でも『日本書紀』のなかで神武紀元を前660年の「辛酉《しんゆう》」とし、天智天皇の即位を661年の「辛酉《しんゆう》」と定めるなど、江戸時代までたびたび「辛酉《しんゆう》」の年に元号が改められてきました。

このように酉《とり》は、人為的な事件、事故が多いのは卯《う》と同様で、陰の冷たい気が革命的な事件を起こすとされます。

戌《いぬ》

戌《いぬ》は丑《うし》や未《ひつじ》、辰《たつ》と同様の土の五行です。戌《いぬ》の日に安産祈願の腹帯を巻くなどの風習が今でもあります。後ほど解説しますが、戌《いぬ》と辰《たつ》は神仏に近い十二支といわれます。

亥《い》

亥《い》は、十二支の最後に控え、今までの活動的な流れの疲れがたまり、身体を壊しやすい年といえます。冬の入口でもあり、十分健康には気をつけるべき年回りで、仕事などで無理は禁物です。

このことから、心を病んだり、社会から離脱してしまったり、心身共にへたってしまう傾向があるので十分気をつけてください。他の十二支の中では、辰《たつ》、午《うま》、酉《とり》の年が心身の変調をきたしやすい年といわれます。

ちなみに、相場格言に十二支が使われているものがあります。

それは、「辰巳天井《たつみてんじょう》、午尻下《うましりさ》がり、未辛抱《ひつじしんぼう》、申酉騒《さるとりさわ》ぐ。戌笑《いぬわら》う、亥固《いかた》まる、子《ね》は繁栄、丑《うし》つまずく、寅《とら》千里を走り、卯《う》跳ねる」というものです。

昔から、十二支にちなんで株価予想が盛んだったことがよくわかります。

近年、相場師の間で、「格言通り、バブルもITバブルも辰《たつ》と巳《み》の年だった」と耳にすることがありますが、これから説明する天干、地支の組わせによる六十干支の方が、よりその年に起こることを明らかに予想できるのです。

天干と地支で構成される六十干支

いよいよこれから「六十干支」を解説しましょう。

「天干《てんかん》」と呼ばれる十干と、「地支《ちし》」と呼ばれる十二支を組み合わせた六十の干支を「六十干支」といいます。

六十干支は、十干の一番目「甲《きのえ》」と十二支の一番目「子《ね》」の組み合わせ（「甲子《きのえね》」）から始まります。そして、二番目の「乙《きのと》」と「丑《うし》」の組み合わせ（「乙丑《きのとうし》」）、三番目の「丙《ひのえ》」と「寅《とら》」の組み合わせ（「丙寅《ひのえとら》」）……というように続きます。

しかし、天干10と地支12の組み合わせですから、十二支が二つ余ってしまいすっきり終わりません。余った「戌《いぬ》」「亥《い》」は、十干のはじめに戻って、また「甲《きのえ》」から順に組み合わされていきます。「甲戌《きのえいぬ》」「乙亥《きのとい》」……というように。

次頁の表をじっくり眺めてください。わかりやすいように六十干支の頭に番号を振ってあります。右上の1番「甲子《きのえね》」から縦のラインに沿って並んでいます。

六十干支表

1 甲子《きのえね》《カッ(コウ)シ》	11 甲戌《きのえいぬ》《コウジュツ》	21 甲申《きのえさる》《コウシン》	31 甲午《きのえうま》《コウゴ》	41 甲辰《きのえたつ》《コウシン》	51 甲寅《きのえとら》《コウイン》
2 乙丑《きのとうし》《イッチュウ》	12 乙亥《きのとのい》《イツガイ》	22 乙酉《きのととり》《イツユウ》	32 乙未《きのとひつじ》《イツビ》	42 乙巳《きのとみ》《イツシ》	52 乙卯《きのとう》《イツボウ》
3 丙寅《ひのえとら》《ヘイイン》	13 丙子《ひのえね》《ヘイシ》	23 丙戌《ひのえいぬ》《ヘイジュツ》	33 丙申《ひのえさる》《ヘイシン》	43 丙午《ひのえうま》《ヘイゴ》	53 丙辰《ひのえたつ》《ヘイシン》
4 丁卯《ひのとう》《テイボウ》	14 丁丑《ひのとうし》《テイチュウ》	24 丁亥《ひのとい》《テイガイ》	34 丁酉《ひのととり》《テイユウ》	44 丁未《ひのとひつじ》《テイビ》	54 丁巳《ひのとみ》《テイシ》
5 戊辰《つちのえたつ》《ボシン》	15 戊寅《つちのえとら》《ボイン》	25 戊子《つちのえね》《ボシ》	35 戊戌《つちのえいぬ》《ボジュツ》	45 戊申《つちのえさる》《ボシン》	55 戊午《つちのえうま》《ボゴ》
6 己巳《つちのとみ》《キシ》	16 己卯《つちのとのう》《キボウ》	26 己丑《つちのとうし》《キチュウ》	36 己亥《つちのとい》《キガイ》	46 己酉《つちのととり》《キユウ》	56 己未《つちのとひつじ》《キビ》
7 庚午《かのえうま》《コウゴ》	17 庚辰《かのえたつ》《コウシン》	27 庚寅《かのえとら》《コウイン》	37 庚子《かのえね》《コウシ》	47 庚戌《かのえいぬ》《コウジュツ》	57 庚申《かのえさる》《コウシン》
8 辛未《かのとひつじ》《シンビ》	18 辛巳《かのとみ》《シンシ》	28 辛卯《かのとう》《シンボウ》	38 辛丑《かのとうし》《シンチュウ》	48 辛亥《かのとい》《シンガイ》	58 辛酉《かのととり》《シンユウ》
9 壬申《みずのえさる》《ジンシン》	19 壬午《みずのえうま》《ジンゴ》	29 壬辰《みずのえたつ》《ジンシン》	39 壬寅《みずのえとら》《ジンイン》	49 壬子《みずのえね》《ジンシ》	59 壬戌《みずのえいぬ》《ジンジュツ》
10 癸酉《みずのととり》《キユウ》	20 癸未《みずのとひつじ》《キビ》	30 癸巳《みずのとみ》《キシ》	40 癸卯《みずのとう》《キボウ》	50 癸丑《みずのとうし》《キチュウ》	60 癸亥《みずのとい》《キガイ》

このように十干と十二支の最小公倍数で組み合わされ、全部で60の干支ができあがります。これを日付に用いたものを「干支紀日法《かんしきじつほう》」といいます。中国の殷の時代から今日まで、３０００年以上も絶えることなく続いています。

日本では、『日本書紀』にこの「干支紀日法」が使用されており、それから明治時代までの暦には、六十干支が中心に記載されていて、日付として大切な記録するときには必ずこれを用いてきました。よく歴史的な大きな事件、「壬申《じんしん》の乱」とか「戊辰《ぼしん》戦争」などのように西暦何年ではなく、六十干支で表わされているのもそのためです。

この六十干支は、十干と十二支それぞれに五行があり、その組み合わせから新たな意味が生まれ、それを読み解くことによって、その年がどのような年になるのかが予想できます。そして私たち人間は、60年という一つのサイクルをもってめぐる六十干支の影響を受けながら生きているということがいえるのです。

このような自然のサイクルの中で、人の歴史も作られていくわけですが、経済、金融、つまりお金の流れもまた、さらに大きな流れの中で繰り返されているということです。当然、日本の景気にも流れがあるのです。

いくら文明が発達しても、この五行の流れを止めることはできません。ですから同じことを繰り返すのです。人間がやることですから、政治的なことも、事件的なことも繰り返されるのですが、経済、お金もまた、同じような流れを見ることができます。

それでは、経済やお金の流れもこの五行の流れに沿っているのだから、検証するために過去の株価を見てみよう、ということになります。ところが、60年以上昔には、日経平均などがありませんでした。しかも、今日のように上場企業が多くありませんし、産業の種類も限られていました。

また、60年前の景気や株価が同じように繰り返されるとは限りません。ということは、年表を見て株価の動向だけを調べて投資先を見つけようとしてもなかなか難しいものがあります。

60年前の、同じ六十干支の年の大きな経済の流れや起こった事件などを参考にしながらも、その六十干支の意味を読み解く技術が必要だということです。

そのためにも「干支学」のベースになっている「陰陽五行論」を学ぶのは大切なこ

とです。前述したように、「陰陽五行論」はもともと古代中国で生まれた哲学であります。史実としてはそのとおりなのですが、実際には、日本との結び付きが強いのが「陰陽五行論」なのです。

なぜなら「陰陽五行」のベースになっているのは、自然の変化である四季なのです。一年の春夏秋冬の移り変わりが五行のベースになっているのです。

いくら中国大陸で生み出されたものであっても、四季がはっきりしていないところでは通用しません。極寒の地だとか一年中暑い赤道付近の国々では、当てはまらないのです。いずれにしても古代中国の時代、少なくとも殷の時代には、すでに「陰陽五行論」はあったとされていますが、この真理の法則がぴたりと当てはまり、その流れに沿っているのが、この日本であることは間違いないのです。

中国の思想体系が日本に渡って、その真なる力を発揮し、人々に恩恵を与えているのは「陰陽五行論」ばかりでありません。仏教もまた、日本で磨かれ開花し、日本人の心を支える思想になっています。

この「陰陽五行論」という思想体系をじっくり学ぶことにより、それに基づくそれぞれの六十干支が暗示する意味が徐々にはっきりとイメージできるようになります。するると、その年の四季の流れを感じると共に、起こるべき出来事が想像できるようになるでしょう。そうすれば、日本の経済の流れがつかめるようになり、そして投資の判断にも自信が持てるようになるのです。

六十干支でみる2020年と2021年

十干十二支の組み合わせであるこの「六十干支」の意味、とくに五行を当てはめた解釈によって、それぞれの年に世界や日本で起こった政治、経済、事件を注意深くみていくと、歴史そのものが、六十干支の意図する流れに従っていることを痛感させられます。

つまり、六十干支が暗示するとおりの歴史が展開しているといっても過言ではありません。その中で、六十干支に沿った投資に役立つ経済、景気の流れをみるだけでも有用な知識となります。

昨年、２０２０年は「庚子《かのえね》」の年です。「庚《かのえ》」は五行では「金」で、「庚子《かのえね》」は、真っ暗闇の冷たい金です。

十二支を見てください。この「子」は、季節でいったら冬、時間にすると、23時から１時の日を跨いだ真夜中を意味します（85頁参照）。

子《ね》は、十二支の始まりとされているのは、みなさんよく知っています。始まりというのは何事も重要で、子《ね》の年ほど大きなことが起こるのはそのためです。

たとえば、かなり昔、歴史を振り返り1600年に注目してもらいます。2020年の現在からちょうど420年前というと、六十干支ですから、60年がちょうど7回めぐっています。この1600年「庚子《かのえね》」の年です。

1600年といえば、みなさんがご存じの「関ヶ原の合戦」が起こって、戦国時代が終りを告げた年です。そして、徳川家康が征夷大将軍となり、江戸に幕府を開き、江戸時代が約265年続くことになります。

265年もの長きにわたって大きな戦もなく国を治めた徳川家はすごいことで、世界史の中でも類がありません。徳川家は代々にわたり、日本の国を統治し、財を築いた家柄ですが、その始まりが、「庚子《かのえね》」の年なのです。

多くの占い師さんは一般的に「庚子」はダメな年だと、2020年を良くないと判断していますが、どうしてそのようにネガティブに考えるのでしょうか。

1600年「庚子《かのえね》」の年も、確かに戦いはありました。関ヶ原の合戦などの大きな戦から、小競り合いまで、日本の国土は戦《いくさ》で荒廃していたはずです。多くの農民や商人はさぞかし苦しんだことでしょう。一般庶民の生活は戦乱の不安で安定していなかったはずです。その中でも、徳川側について成果を上げげた武将、戦わずして名誉を得た者、商売で稼いだ者、うまく立ち回って成功した者もいたはずです。

そして、徳川家康の号令の下、江戸幕府がスタートして、265年も続く国家体制を作ったのですから、この始まりというのはとても重要だということがわかってもらえると思います。

さて、このような時代背景同様のことが、2020年に起こっていると言ったらどうでしょうか。

この2020年の始まりのときこそが大事で、何かを始めると長く栄える暗示があるのですが、それを知り、流れに従って始めた人は成功するでしょう。

運勢には波があります。運勢の波に山と谷があるとすると、2020年は谷であり、あとは上るのみなのです。見方を変えると、今まで続いていたものの中でいらないもの、余計なものが淘汰《とうた》される年でもあります。

それではもっと具体的に見てみると、「庚子《かのえね》」の年は衣食住、人に必要不可欠なものを扱っていると好調です。ただ、飲食業のなかでもサービスを売りにしているところは、淘汰される運命です。

高級レストランで、素晴らしいサービスを提供しているところ、長年続いているブランドショップ、高級マンションの不動産などは苦しいでしょう。

衣食住の基本的な供給をしているところは、必要とされるのです。人が生活するうえで必要なものを原理原則に立って、地に足をつけて商売しているところはいいはずなのです。

身近なところでは、スーパーマーケット、農業、住まいもまた好調で、リフォームをはじめ、戸建てから中古マンションまで業績はいいです。衣類にしてもステイホームで、ユニクロのような品質の良いお手頃価格のものが売れているようです。通販業界は好調で、それを支えている運送業も業績を伸ばしているといいます。

資格をとるなど、目標を立てて勉強する、新しい趣味を始めると結構長続きするでしょう。

一方、落ち込んでいるのは、衣食住とは異なる、ホテルや旅館などを含めた観光業やレジャー産業全般ということになるのは、ご存知の通りです。

過去にさかのぼって見てみると、「庚子《かのえね》」の年とはそういう年なのです。

180年の因縁

干支というのは因縁という意味があります。この「因縁」というのは、だいたい60年に1度、同じようなことが起こるというのは、六十干支の循環ということで今まで説明してきました。このことは六十干支を学ぶと誰もがわかります。

しかし私に言わせると、もっと長いスパンで見てみると、さらに精度の高い予想ができるのです。60年1度ということは、120年に1度、180年に1度、240年に1度とあるのですから、60を二周三周と循環させて考え、何が起こっているのかを見てみることです。

もちろん、時代が大きく変わっているので、まったく同じことが起こるわけではありません。しかし、じっくりポイントを絞ってみる能力が付くと、その時代を動かしている共通の流れがおのずとわかってくるのです。

そこで、昨年の「庚子《かのえね》」の年に起こった世界的な新型コロナウイルスの感染を考えるとき、はたして、このコロナウイルスのパンデミックが自然現象だったのか、ということに私は疑問を持たざるをえないのです。

これからお話しする「180年の因縁」は、ある年に象徴して起こったことが、180年後の同じ干支の年に明らかに逆転して起こったのではないかというのが、私の鑑定です。

前著でも書きましたが、六十干支が三周して180年たっても、六十干支の循環は生きてきます。ですから、干支の性格がもつ同様の発生メカニズムによってことが起こるのです。

では、180年前の「庚子《かのえね》」の年は何があったのか。世界中にあるものが流通して、そのモノによって、世界が大きく変わったことがありました。そのモノの影響を一番受けた国は「清国」、今の中国です。清国がたいへんな事になって、それが落ち着くまでに2、3年かかりました。なんだと思いますか。

そのモノとは「アヘン」。つまり、イギリス、大英帝国と清国の間で起こった「アヘン戦争」です。

世界史でも習ったと思いますが、イギリスの植民地であったインドの東インド会社が東南アジアとの貿易で莫大な利益を上げていました。それはアヘンです。帝国主義、植民地支配を推し進めるイギリス大英帝国が次に狙ったのが清国でした。中毒性の高いアヘンを医薬品として売りつけ、暴利をむさぼるとともに、清国にいちゃもんをつけて、戦争に発展させたのです。

そのへんの歴史を振り返ってみてください。アヘン戦争の詳細は以下のとおりです。

「阿片戦争（アヘンせんそう）中：鴉片戰爭、第一次鴉片戰爭、英 First Opoum War は、清とイギリスの間で1840年から2年間にわたり行われた戦争である。イギリスは、インドで製造したアヘンを、清に輸出して巨額の利益を得ていた。アヘン販売を禁止していた清は、アヘンの蔓延に対してその全面禁輸を断行し、イギリス商人の保有するアヘンを没収・処分したため、反発したイギリスとの間で戦争となった。イギリスの勝利に終わり、1842年に南京条約が締結され、イギリスへの香港

の割譲他、清にとって不平等条約となった。」（ウィキペディアより）
清国の民衆にアヘンが蔓延して、腑抜けになったアヘン中毒患者たちがあふれている様子を表した写真などが残っています。これに抗議し、大量のアヘンを焼き払った清国に対して、国力で勝る大英帝国が力づくで戦争を起こし香港を手に入れたといういきさつがあります。
アヘン戦争が始まった年が、ちょうど１８４０年「庚子《かのえね》」の年です。２年後に南京条約が結ばれ、戦争は終結。香港はイギリスの領土となりました。

お気づきになりませんか。このコロナの大きな被害を受けている国、変異種のウイルスが拡散してロックダウンを何度も余儀なくされている国、それこそが帝国主義として世界を闊歩《かっぽ》していたヨーロッパ諸国やアメリカ、その中心がイギリスの大英帝国ではありませんか。
それでは、１８４０年に日本はどうしていたのかというと、まったく影響を受けないということはありませんでした。しかし、１８２５年（文政８年）に出された「異国船打払令」が効いていました。

いわゆる「外国船追放令」です。ロシア・イギリス船の来航増加に対し、理由に関係なく外国船を打ち払えと命じた法律です。これは天保13年（1842）廃止となりました。

そのため、日本は何とか助かったとはいえ、イギリスに清国が痛めつけられているのを知り、世界に目を向けるようになるとともに、急速に幕末という大きな時代の変革の波を迎えることになるのです。

一方、昨年の「庚子《かのえね》」の年を見てください。中国の武漢から発生した新型コロナウイルスは、2019年に発生したと思ったら、2020年にはあっという間にパンデミックとなり、世界中に広がっていきました。ヨーロッパでもっとも罹患者が多く、被害を被った国といえば、首相までコロナに感染してしまったイギリスではないでしょうか。

しかも、この年には、中国で香港に対して「国家安全維持法」が制定され、まだイギリスの色が残っていた金融の都市であった香港は、完全に一国二制度が終わってしまいました。もちろん、香港の人たちは民主化を唱え、反対しましたが、半ば武力でもって強引に中国が制圧したといえるでしょう。

１８４０年「庚子《かのえね》」の年に、イギリスは清国とアヘン戦争を起こし、香港を領土とし、ちょうど１８０年後の２０２０年「庚子《かのえね》」の年に中国は、新型コロナウイルスの発生で香港を取り戻した形になっていると思いませんか。

まるっきり真逆のことが起こっているのです。

清国だった現在の共産主義国家中国は、このコロナパンデミックにより、いち早く共産党支配による半ば強制的なコロナ対策が功を奏して、世界をリードする勢いです。

国家主導によるマスク外交をはじめとして経済をさらに活性化させています。

２０２１年、世界各国の経済は低迷してＧＤＰが下がることは必至です。しかし、中国だけが回復、一強となっていることでしょう。

では、この「180年の因縁」を考えたとき、このコロナウイルスとは、本当に自然発生的なものなのか、という疑問が出てくるわけです。

前述したように「庚子《かのえね》」の年は争いの年、戦争とか暴動とかを意味する干支です。香港に限らず、2020年はアメリカでも暴動が、世界各国で紛争や暴動が顕著に起こっている事実があります。

思うに、コロナ発生源とうわさされる中国の武漢という都市には、コロナウイルスの宿主であるコウモリを研究していた中国科学院武漢ウイルス研究所という化学研究所が実際にあるのです。武漢のウイルス封じ込め成功のニュースでは、5万人規模の感染者が報告されていますが、実際には2倍、3倍の感染者がいたと思われるのです。

また、見過ごせないのは、アメリカもこの武漢の中国科学院武漢ウイルス研究所に間接的にお金を出しているということです。だからトランプ大統領は、コロナウイルスのことを「チャイナウイルス」と呼んでいました。

この真相は、いつか明らかになることでしょう。

さて、このように干支は恐ろしいほどに歴史を繰り返し刻んでいます。偶然とはいえません。干支はこの森羅万象の必然のリズムを表わしています。それが、60年周期なのか、１２０年周期なのか、１８０年周期なのか。隔世遺伝的に起こる生物のようではありますが、その出来事の内容は因縁の強い現象が現れるようです。それは干支の周期で起こる歴史が証明しています。

ただし、繰り返すようですが、干支をただ記号のように見るのではなく、天干、地支のそれぞれの意味と、五行の組み合わせをしっかり見ることが大切です。

それを干支と占星術を組み合わせたり、気学を当てはめてみたり、霊感で判断してみたりするからおかしくなるのです。それが悪いとは言いませんが、当たらないといって、干支を学ばないのはもったいないことです。きちんと正しく六十干支を見れば、この世界がどのようなリズムで動いているのかがわかるのですから。

人は60歳になると還暦を迎え、自分が誕生した赤ん坊の時代に戻るわけですが、それまでの人生の出来事を体験し記憶していても、残念ながら赤ん坊の頃の記憶ははっきりしません。ましてや社会の動向などは二十歳ごろにならないと実感できません。だから、それ以前のことを学ぶわけですが、この歴史を学ぶこと、このことがくせ者で、本当の歴史を学ぶことは、いつの時代も難しいことの一つとなっています。

なぜなら歴史は書き換えられてしまうからです。昔は為政者の都合で歴史を書き換えてしまうのが普通でした。その歴史をまた後世の人が都合よく書き換えたり、自説を展開して評価したりしました。

今では、ネットなどで好き勝手に歴史を自分の思うようにねじ曲げて、あたかも見てきたように書き込む輩《やから》も多いので、うっかり信用すると大変危険です。

ですから、歴史の真実を知ることは本当に難しいのです。

きちんと歴史を見つめる

きちんと歴史を見つめるとは、一般の歴史書に書かれていることを鵜呑《うの》みにするのではなく、干支はもちろん、民俗学も勉強すべきです。民俗学イコール歴史です。できるかぎり「博物館」などで丹念に資料を調べれば、本当の歴史が見えてきます。

たとえば中国は「アヘン戦争」を歴史の汚点として隠したい、抹殺したいのです。しかし、麻薬中毒者が映っている写真もありますし、当時の絵も残っています。事実をきちんととらえて、干支の意味を探っていけば、どんなことが起こっているのかわかります。

私が伝えたいのは、このコロナで世界的なダメージを受けた2020年「庚子《かのえね》」の年は、人類が新たな時代を迎える年だということです。「始まり」の意味を持つ「庚子《かのえね》」ですから、これを運勢の谷とみることができます。最深の谷間にいると考えれば、あとは上るしかありません。つまり、本題である読者に伝えたい「資産形成」はこれからだ、ということなのです。

2020年、「庚子」の年から始まる

徳川家康が関ヶ原の戦いに勝利して天下統一を果たしたのが1600年「庚子《かのえね》」の年、江戸幕府を起こして、265年続く江戸時代と呼ばれる天下泰平の礎をつくった最初の年、それが「庚子《かのえね》」の年なのです。

ですから、読者の皆さんに言いたいのです。どんなに今、コロナでひどい状況であろうとも、けっして挫《くじ》けてはいけません。冷静になって上昇する流れに乗って資産形成を始めてください。

では、どうすればよいのか。

そのヒントは、何度も触れている徳川家康にあります。成功者である家康に注目してほしいのです。ご存じの方も多いと思いますが、徳川家康は、東洋哲学や、漢方の研鑽《けんさん》に非常に熱心でした。漢方といっても中医学がベースにあり、「木火土金水」の五行に精通していたといわれています。

それがわかるのが、家康の墓がある場所、数年前にご開帳されましたが、日光東照宮です。東照宮は家康が東洋思想の真髄を理解し、実践していたことの証拠になります。それは日本地図を見ると明らかです。

江戸城から真北に位置するのが東照宮で、子の方位です。人によってはこのことを「北辰信仰《ほくしんしんこう》」と言っています。今でも北辰信仰が根強いところは、この家康の影響があります。

北辰とは北極星のことです。家康は江戸城を守護する形で、北に位置してお宮を立てて北辰の神、東照大権現《とうしょうだいごんげん》（神号）となったのです。そのおかげで江戸幕府は265年も続くわけです。家康の死後、東洋哲学を駆使して家康に仕えた南光坊天海《なんこうぼうてんかい》の偉大な仕事でもあったのです。

さて、江戸時代に多くの庶民の間で伊勢神宮《いせじんぐう》を参ることが流行しました。それを「お伊勢参《いせまい》り」といいます。しかし、不思議なことに、徳川家ゆかりの者や大名は、伊勢神宮に参ることはありませんでした。みんな家康が祀られている東照宮の大権現に欠かさずお参りに行きました。しかし、お伊勢様には公けには行きません。なぜなら伊勢神宮は天皇の祖先である天照大神を祀っているからです。

伝え聞くところによると、日光東照宮への参拝に際して、大仰な人員を動員した大名行列は、先頭が日光に到着したときでさえ、尾列はまだ江戸だったということです。どれだけ長い大名行列だったかが想像できます。

この江戸から日光東照宮まで続く道が、日光街道として今日まで残っています。そしてもう一つ、東照宮に幣帛《へいはく》を奉献するための勅使《ちょくし》（日光例幣使《れいへいし》）が通った道が、脇街道として有名な日光例幣使街道《れいへいしかいどう》です。このルートこそ、日光街道とペアとなって重要な働きをしているのです。

なぜ、道を2つ作ったのか。これは家康の東洋哲学の意向を汲んだ者たちが、2つの道を作らざるを得なかったからです。それは、「陰陽思想」に基づくものなのです。日光街道は「陽」であり、例幣使街道は「陰」となり、陰陽の気のバランスを保ちながら東照宮と江戸の結びつきを強めることになるのです。それほどまでに家康は亡きあとも、大権現として江戸に影響を与え続けたのです。

さて、北辰信仰でもそうですが、子の方位である北は「始まり」を意味します。十二支でも子から始まります。

江戸幕府をスタートさせた家康公は、死後にも江戸の北に位置して、未来永劫江戸の地を見下ろし、そして見守るということを選んだのです。そして、徳川家は将軍として十五代、２６５年もの長きにわたって江戸時代を築き上げたのです。世界をみれば、ローマ帝国、オスマントルコ帝国に匹敵する偉大さなのです。

このように「庚子の年」は「始まり」を意味していることが、家康公を通じてわかってもらえたと思います。この話でピンときた読者の方は、何をすべきかもうわかっているでしょう。

今、コロナ禍の中、ただ怖がって不安になっている場合ではない、ということに気づかれるはずです。今こそあなたにとって新たな時代の幕開けなのです。本書の主題は「資産形成」ですから、まさに今こそチャンスをものにすべき時なのです。

家康が精魂傾けた「陰陽五行」の知識を駆使して行動に生かすのです。それには六十干支を学び、あらゆる場面で実践していくことです。

コロナウイルスが世界的なパンデミックを起こした2020年の庚子の年こそ、420年前（1600年庚子の年）の家康の方法がよみがえる年なのだと私は思っています。


今まで、何をしてよいかわからない、パッとした人生でなかった、あるいは順調にやってきたけれど新型コロナ感染の影響で経済的に落ち込んでしまった、などと嘆いている場合ではありません。

運命はそれぞれ違います。誰にでも運気、バイオリズムはあります。運のいい人もいれば、悪い人もいる――というのが通常の考えだと思います。でも、ずっと運のいい人、ずっと運の悪い人はめったにいません。なぜなら、運には波があるのです。いい時もあれば、悪い時もあります。こう話すとみなさんはうなずいてくれます。

肝心なのは、運がいい時にどうやってチャンスをつかむのかということです。

本書では、この運を「お金」、つまり「資産形成」にポイント絞っています。今、「老後の２０００万円問題」が騒がれていますが、現実問題として、２０００万円でも足りないかもしれません。日本は豊かな国だし、民主主義国家だから老後は安心していいとは誰も思っていないでしょう。

現にこのコロナ救済のために何十兆円もの財政出動をおこなっています。しかし、誰が考えても、私たちが税金や年金で納めたお金は、私たち一人ひとりの老後に役立ててもらえるとは到底考えられないでしょう。

ですから、私たち日本国民は一人ひとり、自分で十分な資産を形成して老後に備えなくてはなりません。

それでは資産を作るためには投資だといって、証券会社にお願いしたところで誰もが２０００万円ものお金は作れません。重要なのは、お金をどうとらえるか、自分が抱くお金のイメージをどう作るのか、というところから始めます。

お金は「深く、浅く」というとらえ方ではダメです。「深い」というキーワードは、「欲深い」ということ。そして「浅はか」というのが一番よくないイメージに繋がるからです。

資産を築く上で、この〝陰陽のイメージ〟「深く、浅く」は絶対に避けなければなりません。

昔から「欲深く、払うものを払わないで計画倒産して金儲けした」「浅はかな博打で大儲けした」という人はいるかもしれませんが、これからはこの〝陰陽のイメージ〟では絶対にお金は儲けられないでしょう。その後、大方がどん底になるからです。たまに、宝くじで大当たりして有頂天になっていた人が悲惨な人生を歩むのと同じパターンになります。

それでは何がよい〝陰陽のイメージ〟かというと、それは「遠く、近く」です。本当の豊かさをあなたにもたらす資産形成のキーワードは「遠く、近く」なのです。どういう意味でとらえるのかというと、「近く」というのは手持ちのこと。目に見える形でコツコツためるということです。「積み立て」ということではあるのですが、それが暗号通貨、株、外貨、金などの投資を意味します。これが「近く」です。つまり、携帯でもなんでもかまいませんが、すぐに見えるということです。

一方、「遠く」ということは、土地に関係しています。自分のいるところから遠くの土地、例えば沖縄の土地、海外の土地など不動産投資のことです。「遠く」という意味は、お金が可視化できない、つまり今すぐに見えないもののことで、これに投資するということです。

東京に住んでいて、北海道の土地、沖縄の土地、ハワイに土地を買ったとかで成功している人の情報を集め、注意深く観察してみることです。

「深く、浅く」金儲けしようとすると一時はいいかもしれないが、すぐにダメになる。今の大金持ちを観察してみてください。ウォーレン・バフェットにしても、三木谷社長にしても、柳井社長にしても、まず自社株で儲けています。これは「近く」です。自分の会社を大きくすることで資産価値を高め、徐々に積み重なって増えていったといえます。

それでは話を戻して、次のヒントです。徳川家康が征夷大将軍になって江戸幕府を開いたとき、お金はどうしたのかという問題を考えてみましょう。

幕府は国家ですから、税制のシステムがありました。当時は年貢ですからコメなどの年貢米が主流です。しかし、1601年に初めて小判を作り、流通させたとあります。その年こそ2021年と同じ「辛丑《かのとうし》」の年です。

当時は金ではなく銀を多く使用していましたが、それを作っていたのが、今の東京銀座です。江戸時代の経済の始まりと、その推進力は小判でした。いいですか。それが「辛丑《かのとうし》」の年、2021年と同じ干支。

民百姓がその小判を欲しがってお金を貯蓄し始めました。一分銀が十枚たまれば、一両だとかがわかって、お金による今日の経済活動の基礎が作り上げられたわけです。そこで、2021年の「辛丑」の年を予測するならば、小判のような、あらたな経済システムがつくられるのではないかと見るのは当然です。

小判に変わる経済流通システムとは何かというと、それは電子マネー、またはビットコインに代表される暗号通貨にほかなりません。

これは2021年に必ず注目されるはずです。「辛丑」の年に起こる新経済システムは420年たった現在によみがえるのです。

第4章

景気を左右する「火」の干支

「火」の五行が暗示するもの

六十干支にはそれぞれに意味合いがあることは、前章で概略を解説しました。その意味を深く理解すると、その干支がその年に起こることを教えていることがわかるということも何度も繰り返してきました。

ここから、いよいよ本題に入ります。本書の目的としては、財と投資のための「干支学」ですから、投資のチャンス、つまり株価が上がることが予想できる干支をピックアップして、それを中心に解説していくつもりです。

投資で儲けるためには、六十干支すべての意味を覚える必要はありません。なぜなら経済が活気づく、景気が良くなる、株価や景気上昇にどうしても離せない五行があるからです。その五行をもつ六十干支を追っていけば、いままでさまざまな情報に振り回され、五里霧中を彷徨《さまよ》って投資を続けていた人には、大きな目印となることは間違いありません。

さて、カギとなる五行とは、ズバリ「火」です。

この「火」の五行には、燃え上る、明らかになるという特性があります。そのイメージどおり、「火」の五行をもつ六十干支の年は、景気がよくなり、株価も上がる傾向があるのです。

第2章で「火」の五行の象意を「エネルギー、景気、金融、マスコミ、芸能」と記載しましたように、「景気」をつかさどる五行なのです。

不思議なもので、六十干支に「火」の五行がない年は、投資には向かない時期となります。つまり、火の気がない年に、投資の素人が投資をやっても厳しいということです。

他の五行の年であっても株価は上がったり下がったりしているので、投資のチャンスはありますし、儲けることもできます。けれども、プロの投資家でない限り、株価の変動を読むには難しい年であるといえるのです。

もちろん、どんな年でもどんな状況でも、投資で儲けている人がいます。ただ、「ちょっとおこずかいを増やしたい」というような素人投資家さんには、なかなか儲けさせてくれる年ではないということです。

ですから、「火」の気のない年に投資で勝負しようという人は、よほど強い財運を持っていなければ、十分な結果は得られません。これはあくまで投資で生計を立てるほどに儲かるという意味です。ちょっとした財テクの範疇ではありません。

たとえば「甲子《きのえね》」年は「木」と「水」です。「水」は投資には向きません。ですから、その年の干支に「火」がなく、「水」があったら、投資で大勝負すべきではないと判断すべきなのです。

私も会員のみなさんの技量を判断して、大きな勝負には手をださないようにアドバイスします。その基準になるのは、これから解説する「火」の六十干支なのです。

ただし懸念すべき点は、近年、ビックデータからＡＩ（人工知能）が株価予想をはじき出したデータに基づく投資が一般的になり、景気と株価が必ずしも一致せず、実体経済を反映していない傾向があります。つまり、前記した金の文明盛ん成りが株価を押し上げるわけです。ある意味、ホンモノの好景気ではないということです。

２０２０年のコロナ禍で経済が低迷している中、株価が上昇したのを見ても明らかです。「火」の五行は、景気を左右する有力な指標ではあります。ＡＩのデータは無視できなくなりましたが、「火」の五行を念頭において買いを計画的に行えば、よほどのことがない限り儲けを出すことができるのです。

「火」の六十干支とは

株や投資信託などで儲けたければ、その年の六十干支に「火」が入っているかどうかをまずチェックしてみてください。投資には、その年の六十干支に「火」が入っていることが条件だからです。なぜならば「火」の五行は景気を意味するからです。「火」のない年に投資をするのならば、極めて慎重にやらなければなりません。やってみるとわかるのですが、慎重にならざるを得なくなってくるのです。それは、株価の流れが読めないからです。

それでは「火」の五行をもつ六十干支とは何かというと、もう一度、「六十干支」をおさらいしてみます。

次表は、第3章に掲載した「六十干支表」です。この60の干支のなかで、「火」の五行を持つ六十干支にアミをかけて、一目でわかるように表記しました。

表の右上から、「丙寅《ひのえとら》」「丁卯《ひのとう》」「己巳《つちのとみ》」「庚午《かのえうま》」「丙子《ひのえね》」「丁丑《ひのとうし》」「辛巳《かのとみ》」「壬午《みずのえうま》」「丙戌《ひのえいぬ》」「丁亥《ひのとい》」「癸巳《みずのとみ》」「甲午《きのえうま》」「丙申《ひのえさる》」「丁酉《ひのととり》」「乙巳《きのとみ》」「丙午《ひのえうま》」「丁未《ひのとひつじ》」「丙辰《ひのえたつ》」「丁巳《ひのとみ》」

「戊午《つちのえうま》」の20の六十干支をピックアップしています。

●火の五行を持つ六十干支

1 甲子《きのえね》 カッ(コウ)シ	11 甲戌《きのえいぬ》 コウジュツ	21 甲申《きのえさる》 コウシン	31 甲午《きのえうま》 コウゴ	41 甲辰《きのえたつ》 コウシン	51 甲寅《きのえとら》 コウイン
2 乙丑《きのとうし》 イッチュウ	12 乙亥《きのとのい》 イツガイ	22 乙酉《きのととり》 イツユウ	32 乙未《きのとひつじ》 イツビ	42 乙巳《きのとのみ》 イツシ	52 乙卯《きのとのう》 イツボウ
3 丙寅《ひのえとら》 ヘイイン	13 丙子《ひのえね》 ヘイシ	23 丙戌《ひのえいぬ》 ヘイジュツ	33 丙申《ひのえさる》 ヘイシン	43 丙午《ひのえうま》 ヘイゴ	53 丙辰《ひのえたつ》 ヘイシン
4 丁卯《ひのとのう》 テイボウ	14 丁丑《ひのとうし》 テイチュウ	24 丁亥《ひのとい》 テイガイ	34 丁酉《ひのととり》 テイユウ	44 丁未《ひのとひつじ》 テイビ	54 丁巳《ひのとのみ》 テイシ
5 戊辰《つちのえたつ》 ボシン	15 戊寅《つちのえとら》 ボイン	25 戊子《つちのえね》 ボシ	35 戊戌《つちのえいぬ》 ボジュツ	45 戊申《つちのえさる》 ボシン	55 戊午《つちのえうま》 ボゴ
6 己巳《つちのとのみ》 キシ	16 己卯《つちのとのう》 キボウ	26 己丑《つちのとうし》 キチュウ	36 己亥《つちのとのい》 キガイ	46 己酉《つちのととり》 キユウ	56 己未《つちのとひつじ》 キビ
7 庚午《かのえうま》 コウゴ	17 庚辰《かのえたつ》 コウシン	27 庚寅《かのえとら》 コウイン	37 庚子《かのえね》 コウシ	47 庚戌《かのえいぬ》 コウジュツ	57 庚申《かのえさる》 コウシン
8 辛未《かのとひつじ》 シンビ	18 辛巳《かのとのみ》 シンシ	28 辛卯《かのとのう》 シンボウ	38 辛丑《かのとうし》 シンチュウ	48 辛亥《かのとい》 シンガイ	58 辛酉《かのととり》 シンユウ
9 壬申《みずのえさる》 ジンシン	19 壬午《みずのえうま》 ジンゴ	29 壬辰《みずのえたつ》 ジンシン	39 壬寅《みずのえとら》 ジンイン	49 壬子《みずのえね》 ジンシ	59 壬戌《みずのえいぬ》 ジンジュツ
10 癸酉《みずのととり》 キユウ	20 癸未《みずのとひつじ》 キビ	30 癸巳《みずのとみ》 キシ	40 癸卯《みずのとう》 キボウ	50 癸丑《みずのとうし》 キチュウ	60 癸亥《みずのとい》 キガイ

天干では「丙《ひのえ》」と「丁《ひのと》」が火の五行です。

十二支では、「巳《み》」と「午《うま》」が火の五行です。

六十干支の中で、天干が「丙《ひのえ》」「丁《ひのと》」の年であれば、下につく地支の十二支がなんであろうと、一応、投資のチャンス到来ということになります。また、地支の巳《み》年、午《うま》年も景気がよくなる年回りです。


それでは実際に「火」の干支の年には、日本の経済や景気がどのような動きをしていたのかを見てみましょう。

誰でもがわかりやすい例として「バブル景気」を取り上げてみます。

一般に「バブル景気」とは、1986年から1991年にかけて6年ぐらい続いたといわれています。

これを六十干支で見てみますと、
1986年は「丙寅《ひのえとら》」（火と木）

１９８７年は「丁卯《ひのとう》」（火と木）
１９８８年は「戊辰《つちのえたつ》」（土と土）
１９８９年は「己巳《つちのとみ》」（土と火）
１９９０年は「庚午《かのえうま》」（金と火）イラク軍クェートに侵攻
１９９１年は「辛未《かのとひつじ》」（金と土）山一證券倒産、湾岸戦争ぼっ発で株価も下がっていきます。

ざっと見てみても、この6年間を支えているのは「火」であることは明らかです。しかも、１９８６年と１９８７年に注目してください。「丙寅《ひのえとら》」と「丁卯《ひのとう》」の年です。天干は「火」であり、地支の「寅《とら》」も「卯《う》」も「木」になります。まさに火にくべる薪のような役割をしているのです。ボウッと燃え盛る火のイメージがある年です。このように「火」の年は、景気も跳ね上がる年となります。

この勢いは１９８９年の「己巳《つちのとみ》」（土と火）と１９９０年は「庚午《かのえうま》」（金と火）で広がっていき、その後、１９９２年「壬申《みずのえさる》」（水と金）で冷まされるまで広がっていったといえます。株価も3万円を超え、4万円に達する勢いでした。

これがバブル景気なのですが、そのバブルがはじけた後も、今日に至るまでに干支は毎年移り変わっています。ですから「丙《ひのえ》」「丁《ひのと》」などの天干、「巳《み》」や「午《うま》」などの地支も巡っているはずです。

たとえば安倍内閣が掲げた経済政策「アベノミクス」は、2014年「甲午《きのえうま》」の年（木と火）に成果が出始め、これによって円安になり、低迷していた経済にちょっと火がついた感がありました。それまで円高で苦しんでいた輸出産業が一息ついて、関連産業も景気のよい話が多かったはずです。


投資というのは、プロの投資家でしたら潤沢な資金を元に売ったり買ったりできるので、どんな年にでも投資ゲームを続けることができ、最終的に勝てて利益が出ればいい話です。けれども素人が少ない資金でバッチリ儲けようとするならば、「火」のない年には、投資に慎重になるべきです。

ただし、投資の中でも下がることがわかっていれば、それなりに儲けることもできます。いわゆる「空売り」の仕組みがわかっていれば信用取引口座を作って「売り」を目的とした投資の仕方ができ、それはそれで「火」のない干支をうまく利用できるのです。

「そうか、今年は火がないから売りだな」というように攻めることもできます。

しかしながら、「火」のない年の場合、どのように下がるのかは、他の五行の意味と六十干支の五行の組み合わせをよく理解していなければなりません。

ですから素人の投資家さんでは、それがわからないので、「火のある年」に限って投資して儲けたほうがよいですよ、と提案しているのです。

よく見ているとわかるのですが、「株で損した」という人に限って、火のない「己《つちのと》」（土）や「癸《みずのと》」（水）の年などに株取引をやって失敗している人が多いのです。

一方では、「自分には金運がないから投資はしない」という人もいます。金運がある人とは、そもそも積極的にお金儲けをやっている人のことで、何もしなくてお金が入ってくることはまずあり得ません。金運がなくてもこの陰陽五行の自然サイクルを理解して、「火」の五行をもつ年に投資すれば、そこそこ儲けることができるのです。

陰陽五行の流れに沿ってやれば、まず「自分には金運がない」と嘆くことはありません。

さて、今まで年の六十干支の話をしていましたが、実は12ヵ月にもそれぞれ六十干支があります。詳しい暦《こよみ》（農業暦など）には毎月の六十干支が掲載されています。しかし、月の干支だけでは一発勝負で危険性もあります。あくまでも年の干支を主としてその流れを読んでください。年の干支とその月の干支に「火」があれば、間違いなく上がっていきます。

月の六十干支については、後の章で詳しく解説いたします。

ここまで読み進めて賢明なるみなさんなら、もうお気づきだと思いますが、たとえば来年が「火」の年だとしましょう。それでは、来年は間違いなく株価は上がると判断して、今年は「火」の年でないから買っておいて来年上がったときに売ればよいと考えるでしょう。まさにそのとおりです。原則としてそういう考えで間違いないのです。

注意すべき「四正」の十二支

さて、「火」の六十干支で景気が上がる、株価が上がるとわかったところで、ちょっと気をつけなければならない注意事項があります。

前述したように、天干に「火」があるからといっても、例外的な六十干支があるのです。それは、「子《ね》」「卯《う》」「午《うま》」「酉《とり》」の地支をもつ六十干支です。「四正《しせい》」と呼ばれるこの四つの十二支は、「子《ね》は水で北、卯《う》は木で東、午《うま》は火で南、酉《とり》は金で西」を表し、きっちり東西南北に位置しています。

この「四正」は、それぞれの性質が強すぎて単純に株価が上がっていくだろうと見極めることが難しいのです。ですからこの地支を持つ年だけは、十分に気をつけなければなりません。

わかりやすく言うと、この年には「大きな落とし穴が待っている」というのです。慎重に売り買いしてください。

また、卯《う》の月は3月、午《うま》の月は6月、酉《とり》の月は9月、子《ね》の月は12月です。毎年、これは変わりません。ですからこの４カ月は特に気をつけるべきです。何か大きな落とし穴があります。しかしそれはどんなことか予測が難しいのです。
たとえば、暦をみて「来年は丙午《ひのえうま》だ。よし、株価が上がるぞ」と短絡的に勝負に出てはいけません。確かに上がるには上がる可能性はあります。でも午《うま》の地支がある年や月（6月）には何か大きなトラブルやリスクが潜んでいるのです。残念なのは、それがどんなことかわからないということです。

余談ですが、これは人の運勢にもあてはまります。
「論八字《ろんはちじ》」、または「子平《しへい》」という占術は、生まれた年、月、日、時間の六十干支を四つの柱に見立てて、五行の関係性で判断しますが、生まれた日の十二支がこの「四正」の四つのどれかにあたると、その人の人生は波乱含みの傾向にあります。もちろん、生まれた日ばかりでなく、月や年、そして時間の干支を総合してみての判断になりますが……。

さて、実際にバブル以降の景気動向をみてみましょう。

バブルがはじけて厳しい年が続いていましたが、１９９６年（丙子《ひのえね》）と１９９７年（丁丑《ひのとうし》）に「丙《ひのえ》」「丁《ひのと》」という「火」の五行があります。１９９６年（丙子《ひのえね》）、１９９７年（丁丑《ひのとうし》）を振り返ってみます。

日本銀行調査統計局が発表した『１９９６年度の金融および経済の動向』によると、「96年度のわが国経済の動向を振り返ってみると、景気は緩やかな回復歩調を辿った。金融・財政面からの強力な景気刺激策を背景に、95年末には、景気は低迷を脱しつつあったが、96年度入り後も回復基調を辿り、前年からの円高修正もあって、年度下期には、民間需要中心に景気回復力の底固さが増す展開となった。（後略）」とあり、１９９７年（丁丑《ひのとうし》）にはその景気回復も減退に転じていると報告されています。この年の株価は5月から8月にかけて2万円台の高値をつけており、投資の醍醐味が十分味わえた展開です。

その後、日本は大きな転換期を迎えます。政治的問題として自民党から民主党へ政権が変わった時期に注目してみましょう。

まだ記憶に新しいと思いますが、民主党政権樹立には、多くの有権者たちの期待と信頼があってのことでした。

民主党政権が樹立した2010年は「庚寅《かのえとら》」は、「火」がまったくありません。しかも「金と木」なので、火を生み出す木が金の斧で切られてしまうというイメージがあります。そして翌年の2011年の「辛卯《かのとう》」も同様に「金と木」でした。

しかも卯《う》年は「四正」ですから、前述したように「落とし穴がある」年です。

3・11の東日本大震災が発生し、それこそ日本が「落とし穴に落ちた」ような年で、もちろん投資には不向きでした。

この年の株価は、やはりどん底です。景気は低迷です。

民主党政権の時代は、本当に景気がよくありませんでした。2009年から2012年の4年間になりますが、日経平均は七千円から八千円台で1万円を超えることはありませんでした。

それでは民主党政権の4年間でどんな干支がめぐっていたかというと、

2009年は、「己丑《つちのとうし》」（土と土）

２０１０年は、「庚寅《かのえとら》」（金と木）
２０１１年は、「辛卯《かのとう》」（金と木）
２０１２年は、「壬辰《みずのえたつ》」（水と土）

ご覧の通り、民主党政権の４年間は、みごとに「火」を含む干支がまったくありません。かわいそうなくらいです。そして２０１１年の東日本大震災の対応力が問われて、政権が大きく揺らぐことになったのです。

そして、前述しましたが、２０１２年「壬辰《みずのえたつ》」（水と土）に発足した安部政権が「アベノミクス」なる経済政策を立ちあげ、日銀の総裁を黒田氏に任命するとともに協力し合い、円安方向にかじを取りました。すると２０１３年は「癸巳《みずのとみ》」で「火」がめぐってきたのです。もちろん株価は上昇しました。投資バブルが起こるのもこの年です。

２０１４年「甲午《きのえうま》」（木と火）の年には、世界に「アベノミクス」の成果が注目されるまでになりました。２０１５年は、「乙未《きのとひつじ》」で「火」がありませんから、全体的に投資熱も曇りがちで活気がありませんでした。

このように六十干支の「火」の五行を追ってみただけでも、日本経済の流れ、景気のポイントがぼんやりながらも浮かび上がってくるのではないでしょうか。

さて、本書が世に出るこの2021年は「辛丑《かのとうし》」で、前年から続いている新型ウイルスの感染拡大を押さえ込めないでいます。この「辛丑《かのとうし》」は、たいへんくせ者で、次の章でじっくり解説したいと思います。

資産形成のための火の五行

世の中の景気ということを考えると、干支学では、「火」の五行が決め手です。前にも書きましたが、火の五行の天干、地支があると景気はよいと判断できます。天干では、陽の「丙《ひのえ》」と陰の「丁《ひのと》」です。地支では陽の「午《うま》」と陰の「巳《み》」です。

前作で２０１７年「丁酉《ひのととり》」の年に株価が下がると指摘しましたが、実際に少し下がりはしたものの私はもっと下がると予想していました。やはり火の五行の景気に影響されてしまったのでしょうか。景気と火の五行は強いと思います。

とにかく、景気お金の活性には火の五行が必要です。

しかし、現在の株価は、世相と乖離しているので、景気と連動していません。現実を見てみると、コロナで景気はいいとは感じられなくても、株価は上昇しています。

なぜかというと、現在はＡＩの時代と言われ、投資にしてもビックデータを駆使したＡＩが売り買いしています。そのためなのか、実際の景気と株価は一致しないのです。

2020年「庚子《かのえね》」の年は火の五行がありません。金と水です。でも、株価は上がりました。私が考えるに、四正の「子」が「午」に影響を及ぼして株価が上がっているのですが、それでも世間ではコロナ禍で、飲食店の閉店や失業率も上昇し、景気がいいという話は聞きません。

ご存じのように、日本の株価は海外の投資家が、それこそAIを駆使したファンドを大量に購入しています。ですから、日本の実体経済と株価は必ずしも比例するとは言えないのです。

では、いつ稼げるのか。最高なのは、世の中の景気がいいとき、実体経済がいいとき、このときは自分がどんな運命でも（どんな生まれの八字の命式*を持っていても）、だれでも波に乗ればお金を稼げるときなのです。もちろん火の五行が財でない人がいますが、それでも稼げるでしょう。

火の五行があるときは、とにかく何でも一生懸命やればそれなりに稼げます。お金を稼げる時期です。

*八字の命式とは、生まれた時間、日、月、年の六十干支のこと

日本のバブル期の干支を見てみましょう。

１９８５年ころからバブルが始まります。１９８５年が「乙丑《きのとうし》」（木と土）ですが、１９８６年が「丙寅《ひのえとら》」（火と木）と１９８７年が「丁卯《ひのとう》」（火と木）で火の五行が現れ、地支の「木」が燃えて一気にバブル頂点となりました。

さて、２０２１年は「辛丑《かのとうし》」（金と土）、２０２２年は「壬寅《みずのえとら》」（水と木）、２０２３年は「癸卯《みずのとう》」（水と木）、２０２４年は「甲辰《きのえたつ》」（木と土）。そして、２０２５年が「乙巳《きのとみ》」（木と火）でやっと火が来ます。そして２０２６年に「丙午《ひのえうま》」（火と火）となり、２０２７年は「丁未《ひのとひつじ》」（火と土）と続きます。

ここで本書の核心を述べます。この２０２６年「丙午《ひのえうま》」の年は、バブル期と比べても、それぐらい、いやそれ以上の好景気となります。

なぜそういうことが言えるのかというと、この２０２６年「丙午《ひのえうま》」の年の60年前を見るとわかります。

1966年「丙午《ひのえうま》」の年は、日本全体が絶好調の好景気だったのです。それは、その2年前の1964年に大きなイベントがあったからなのですが、それは東京オリンピックです。

さらに前段階がありました。1960年に日本の総理大臣となった池田隼人は「所得倍増計画」を打ち上げて、国民を鼓舞しながら日本の経済政策に力を注ぎ、この1966年「丙午《ひのえうま》」の年に、公約どおり国民総生産は倍増し、国民の所得も2倍になるという他に類を見ない好景気となった年なのです。

ということは、2020年「庚子《かのえね》」の年は、「所得倍増計画」の始まった1960年と同様ですから、日本の経済が昇り始める始まりといえます。

1964年「甲辰《きのえたつ》」の年はオリンピックの年で、2024年の「甲辰《きのえたつ》」の年にあたります。

1965年頃から始まったベトナム戦争の影響で、参戦しなかった日本は戦争特需に浴して、これからどんどん経済は加速して好景気になるわけです。

ですから2025年「乙巳《きのとみ》」の年は、乙《きのと》の木に巳《み》の火ですから、火に木をくべて燃やし始めます。そして、１９６６年「丙午《ひのえうま》」の年は、国民総生産、所得も倍増となるかつてない好景気の年、その再来となるのが、２０２６年「丙午《ひのえうま》」の年なのです。「丙午《ひのえうま》」は、天干も地支も火となり、この年は一気に燃え盛るでしょう。

正確には１６００年庚子の年に関ヶ原の戦いで勝者となった家康公が、江戸幕府を開いたのが１６０３年「癸卯《みずのとう》」の年ですが、それから江戸時代の幕開けとなり、日本が統一され本格的な経済活動が始まったといえるのです。

このように干支で歴史を俯瞰《ふかん》すると、経済の流れがよくわかります。判断として、２０２０年は始まりであるけれど、経済の谷でもあります。株価は上がりましたが、コロナパンデミックなどで実体経済はさほどでもない。２０２１年も、２０２２年も、２０２３年も残念ながら火の五行が干支にありません。だから経済も多少の上下はあっても景気はよくありません。

ただし、株価は乱高下するかもしれません。ＡＩがどう判断するかです。

私の言いたいことがもうおわかりだと思います。

２０２６年「丙午《ひのえうま》」の年に大注目です。

この年を意識して投資や起業計画、設備投資をしてください。

この年は一気に燃え盛ります。この年に儲けることができるのです。

この年を見据えて資金を確保してください。

そのためには、「今でしょ！」ではありませんが、２０２１年から２０２４年の間に仕込むことです。つまり資産形成を確実にしたいのであれば、２０２６年を目標に計画を立てるべきなのです。


では、具体的に何に投資すればよいかというのは、ちょっとここでは書けません。私のセミナーでは具体的に教えますが、本書ではここまでです。しかし、読者に文句を言われそうですので、ちょっとだけお得なヒントを差し上げましょう。

「火」と「火」は「土」を生みますから、土のモノ。やはり、土地関連はおおいに注目すべきでしょう。

おそらく、みなさんはそれでは納得いかないかもしれません。そこでもう一つ。

「土」の五行の財は「水」ですから、この五行も注意を向けると、何が流行るかわかります。

「水」の五行があらわす分野とは「考えること」です。現代に当てはめると、いろいろあるのですが、人間、人体、健康、教育関係、いやそれよりも権利ビジネス、特許ビジネスが注目を浴びるでしょう。

人間は体の70パーセント以上が水ということで「健康産業」、水は流れるところから「エネルギー関連」も好調なはずです。

私が個人的に注目しているのが「メタンハイドレート」という資源ですが、日本の近海、海中の中に埋蔵されているものです。

それでは、海外は日本と同じ経済の流れが起きるのかというと、そうとは限りません。陰陽が支配している世界は、陽の気が勝るところがあれば、陰の気が盛んになるところがあります。ベトナム戦争のときには、当事国はもとより参戦した中国やソビエトは、経済的にも疲弊《ひへい》しました。

これから迎える「丙午《ひのえうま》」の年は、日本にとってすこぶるいい天干です。なぜなら丙《ひのえ》とは「太陽」を意味するからです。太陽といえば、天照大神である日乃本《ひのもと》日本というように、日本に関係が深いということもあるのです。

この「丙午《ひのえうま》」の未来は予想するのは楽しいです。60年前の丙午の年を中心に、その前後の好景気のときを振り返ってみると、日本の道路や建物がどんどん整備され、欧米の衣食住にならって近代化していった時代でもありました。一家に一台のテレビ、冷蔵庫、洗濯機は三種の神器といわれ、庶民に普及しました。

この歴史を注意深く考えると、２０２６年の丙午《ひのえうま》時代にも、誰しも必要に迫られる三種の神器が現れるのではないだろうかと考えることができます。

また、江戸幕府初期の「丙午《ひのえうま》時代」には小判が作られたということで、経済にも新たな経済システムが構築されるのではないかとも考えられます。

そう考えてみると、現在、まだ不安要素のある暗号通貨、電子マネーが大きな役割を果たすのではないかと思うのです。今でさえ、キャッシュレス化が進んでいますが、その時代には、お金という概念が大きく変わっているでしょう。

もしかしたら銀行は、今とはまったく姿を変え、誰しもが財布や通帳の代わりにスマホを持ち、カードもなくなりデジタルマネーのキャッシュレスが当たり前になり、海外に行くのに外貨に両替もしなくてもスマホ内で完結できるようになるでしょう。

問屋という概念が薄れ、世界中どこからでも誰もがお取り寄せが簡単にできるシステム、それと連動したデジタルマネーの世界的な普及。そして、超音速機による身近になる海外……想像ですが、「丙午《ひのえうま》」の年にはそうなるかもしれません。

ただし、一つだけ不安があるとすれば、「丙午《ひのえうま》」の年は気候変動が激しさを増し、景気とは違う角度で日照り、水不足の流れになることです。これについては、充分な注意が必要です。

第5章

投資で儲けるヒント

景気を左右する六十干支

それでは、いよいよ景気を左右する六十干支を具体的にみていきましょう。

ここに至るまで、各章で「陰陽五行論」に基づく「干支学」、その六十干支のそれぞれが持つ意味合いがわかると、その年、月に何が起こるのか予想がつくと実例を挙げて説明してきました。

各六十干支は、天干と地支の五行の組み合わせによってさまざまな性質を持っています。その性質が、私たちを含むこの現象界を成り立たせていると考えられているためなのですが、本書では、経済、景気の動向に注目していきますので、六十干支をすべて解説しても、あまり意味がありません。ですから、景気が上がる五行である天干に「火」を持つ六十干支をだけを取り上げて、その年にどのように景気が動いていくかを解説します。

さて、天干に「火」の五行をもつ六十干支とは、つまり、天干が「丙《ひのえ》」と「丁《ひのと》」の六十干支です。これを中心に解説していきます。

天干「丙《ひのえ》」のある干支は、「丙子《ひのえね》」「丙寅《ひのえとら》」「丙辰《ひのえたつ》」「丙午《ひのえうま》」「丙申《ひのえさる》」「丙戌《ひのえいぬ》」の六つ。天干「丁《ひのと》」のある干支は、「丁丑《ひのとうし》」「丁卯《ひのとう》」「丁巳《ひのとみ》」「丁未《ひのとひつじ》」「丁酉《ひのととり》」「丁亥《ひのとい》」の六つです。

この12の六十干支をここでは取り上げます。

天干「丙《ひのえ》」

「丙子《ひのえね》」
「丙」陽の火と「子」陽の水の組み合わせ

大きな火の下に大きな水が待ち構えているので、いきなりジューと消されることがあるので気をつけなければなりません。五行では、「火」は「水」に剋されてしまうのです。

ですから、せっかく株価が上がる材料はそろっていても、なかなか思うような動きが見られないのがこの年です。なぜなら、前述した「四正《しせい》」のなかの「子《ね》」をもつ年だからでもあります。上がることはあっても、思わぬ動きを見せるので、下手《へた》をすると落とし穴にはまり込んでしまうきらいがあります。

このことから「丙子《ひのえね》」の年は、ちょっと慎重にしなければなりません。順調に上がっているように見えても、ほどほどのところで売ったり、買ったりするということです。思い切った勝負に出るには、ちょっとリスクが多い年といえます。

「丙寅《ひのえとら》」

「丙」陽の火と「寅」陽の木の組み合わせ

大木にともされた大火というイメージです。景気も急上昇する暗示があります。1986年は、「丙寅《ひのえとら》」の年でした。まさにバブル景気を象徴しています。

私が自信を持ってお勧めする投資で利益を得られる最適な年といえます。間違いなく株価は上がり、景気は良くなります。この年の前年は、「癸丑《みずのとうし》」の年となります。この株価がさえない年に買って持っていれば、よほどのことがない限り「丙寅《ひのえとら》」年で儲けることができるでしょう。投資にはとても楽しみな年といえます。

「丙辰《ひのえたつ》」

「丙」陽の火と「辰」陽の土の組み合わせ

「火」が灰になって「土」になるというイメージがあります。しかし、灰の状態とはいえ、まだ火がくすぶっています。

消費が活発になり、景気は悪くない経済状態の年です。ここでいう消費ですが、個人の消費やエネルギーの消費などを意味します。株価も上がってはいきますが、昇り龍のような激しい上昇はありません。高値でくすぶるという感じです。

「丙午《ひのえうま》」

「丙」陽の火と「午」陽の火の組み合わせ

「火」と「火」ですから、もちろん株価は上がり、景気が上がる好材料もさまざまな分野から出てきます。けれども気をつけなければならないのは、「午《うま》」は「四正」のひとつだということです。この年は、良すぎるがゆえに要注意です。

火も強すぎると制御できなくなる恐れがあるのです。株価は確かに上がりますが、どこまでか予想がしづらく、まだまだ上がるというときに、思わぬ災害が起こったりして株価が急落することもあり得ます。

とくに「丙午《ひのえうま》」の性質が暗示する最大の注意すべき点は、投資家のみなさんが〝得るものに比例して失うものもある〟または、〝偏りという結果にもなりえる可能性もある〟ということです。もしかしたら特定の分野のみ急騰するようなことで、いずれにしても、あなたの財ですから慎重に勝負してください。

「丙申《ひのえさる》」

「丙」陽の火と「申」陽の金の組み合わせ

これは〝財の組み合わせ〟としては悪くないのですが、「申《さる》」というのは「金」で文明です。大きな太陽が照らしている下で「もの申《もう》す」という意味があり、すべてが露見するという年だということは前に述べました。企業の不祥事や悪行が暴露される年だといえます。

また、申《さる》の刻は、十五時から十七時にあたり、夕暮れを表わします。ですから「丙申《ひのえさる》」の太陽は夕陽となり、とても弱い「火」と見るのです。

このことから、いくら「火」でも株価もそんなに期待しない方がいいかもしれません。上がっても夏までと見るべきでしょう。年の後半はあまりパッとしません。「丙申《ひのえさる》」の年は、経済、景気も見た目は強いが、〝見せかけ〟〝途上〟〝道半ば〟ということもあり、大勝負には難しいといえます。

「丙戌《ひのえいぬ》」「丙」陽の火と「戌」陽の土の組み合わせ

先ほどの「丙辰《ひのえたつ》」と同様で、火が灰になってくすぶっている状態と見るべきですが、まだ「辰《たつ》」の年のほうが若干景気は良いと見ます。でも、「丙戌《ひのえいぬ》」もけっして景気は悪くありません。

面白いもので、コツコツ商売を続けている会社や商店などにとっては、景気がよい年になります。「コツコツ商売」と表現したのは、流行《はや》り物を扱っている商売ではなく、日常的に長く使われている日用品を扱っている地味な企業や、長く堅実にやっている個人商店のことを意味しています。彼らにとって景気はよく感じられるでしょう。投資としては、そのような企業に狙いをつけるのも一案です。

「丙《ひのえ》」の支えに「土」がくる場合、〝お金を貯める〟という意もありますから、ある意味、支出より貯蓄しやすい年、そうすべき年とも読みます。

これで、天干「丙《ひのえ》」の六つの六十干支を解説しました。

天干が「火」の五行である「丙《ひのえ》」であっても、地支に来る十二支によって性質がずいぶん変わってきます。

天干「丁《ひのと》」

「丁《ひのと》」は陰の火です。「丙《ひのえ》」が太陽だとすると、「丁《ひのと》」はローソクの火です。

その違いはなにかというと、「丙《ひのえ》」は完全に天からの贈り物で太陽の恩恵を意味し、「丁《ひのと》」はローソクの火ということで人間が作った「火」ですから、地上の出来事に左右されることもあります。つまり、「丁《ひのと》」の年は地支である十二支からの影響を受けやすいとされています。

ですから、どんな十二支が巡るかで、「丁《ひのと》」の「火」の意味も変わってきます。

また、「丁《ひのと》」には「人を導く」という意味合いもあります。それはなぜかというと、昔は、夜道を歩くときに提灯の灯りを頼りにするところからきています。

「丁《ひのと》」の年の特徴として、経済では業界のリーダー的な存在が明らかになるということがあげられます。この火は、人が扱える火ということもあり、薪をくべればいくらでも燃えていますし、油を注げば大きく燃えます。

つまり、薪や油に相当する十二支によって大きくもなり小さくもなるということです。ですから、企業の工夫次第で景気のよい企業とパッとしない企業に分かれます。

このように「丁《ひのと》」の年は、十二支の善し悪しによって景気は敏感に反応していきます。

「丙《ひのえ》」の年は太陽ですから、全体的に景気がよくなる傾向がありますが、「丁《ひのと》」の年はどんな十二支が地支に来るか、そして、企業がどんな努力をしてきたかが反映されて、景気の動向が変わります。それはけっして全体ではなく、可能性が高いということを覚えておいてください。

「丁丑《ひのとうし》」

「丁」陰の火と「丑」陰の土の組み合わせ

「火」が灰になって「土」に還るという五行の流れを暗示しています。このことから、経済も景気もそれほど良くはありません。良くても「丁《ひのと》」の「火」がくすぶっている年の前半だけで、あとは「丑《うし》」の「土」になってしまいます。しかも「丑《うし》」は湿った土ですから、「丁《ひのと》」の火がすぐ消えてしまうように景気も長続きしないでしょう。

ですから、火の天干「丁《ひのと》」であっても投資で儲けることに単純な年とはいえません。

「丁卯《ひのとう》」

「丁」陰の火と「卯」陰の木の組み合わせ

全体的に経済は好調で、景気も良くなるとみます。ただし、好景気であっても気をつけなければなりません。前述したように「四正《しせい》」のなかの「卯《う》」の年ですから注意が必要です。

余談になりますが、「因幡《いなば》の白ウサギ」の話から「卯《う》」の性質を説明しましょう。「因幡の白ウサギ」とは、古事記の「稲羽の素兎」の話ですが、詳しい内容はともかく、ウサギは嘘をついてワニザメに皮をはがされ、神々に「海水で洗って日光にさらせ」とひどいことを教えられ、悶絶しているところを大国主命に助けられたというものですが、このようにウサギ「卯《う》」は、二度痛めつけられ、ひどい目に遭うのです。

投資もまた、このような傾向にありがちで、大きく勝負に出てひどい目に遭うこともあります。この轍《てつ》を踏むことなく、慎重に儲けることに越したことはありません。

この神話は、三輪明神の大神《おおみわ》神社は出雲の分院だといわれていますが、金運の神様としても有名です。お賽銭を上げる手前にたくさんの卵が置いてあります。ご神体が蛇だということで金運の神としてこぞって卵を奉納しています。ご利益があるとのことです。

よく調べていくと、このように十二支に象徴された動物たちが日本の神話の中でイキイキと活躍している姿を見ることができます。

「丁巳《ひのとみ》」

「丁」陰の火と「巳」陰の火の組み合わせ

経済に明るい灯《あか》りが差し込みます。実力のある企業がスポットライトを浴び、次々と花開きます。景気も上昇する暗示があります。

新しい産業とか、棚ぼたで世に出た企業ではなく、本当に誰が見ても実力ある企業がそのとおりの実績を伸ばすでしょう。景気もよくなり、投資にとっても実にわかりやすく、儲けやすい年になります。素人の投資家であっても割と安心して儲けることができる可能性のある年といえます。

「丁未《ひのとひつじ》」陰の火と「未」陰の土の組み合わせ

この「未《ひつじ》」がクセモノです。ちょうど一年の半分にあたる7月が「未《ひつじ》」月であることから「未越《ひつじご》え」というのですが、「未《いま》だ」と読むところから「まだなのか、越えているのか」わからない状態を指します。「未《ひつじ》」という漢字から「未満」も意味し、なかなか微妙で曖昧なところがあります。それが「未《ひつじ》をまたぐときは気をつけろ」と、昔から言われた商売の鉄則でもありました。

「丁《ひのと》」の景気上昇の運気はあっても、「未《ひつじ》」がどちらに転ぶかわからない危うさがあるので、いくら景気がよくても企業は過剰な設備投資をするべきではありません。

投資についても慎重にすることはもちろん、素人さんは大きく投資することは控えた方がいいと思います。そこそこ儲けたところで引き上げるべきです。

翌年に巡ってくる「戊申《つちのえさる》」は、景気を大きく左右する災害や、思わぬ事件、事故が多発する暗示があるためです。

「丁酉《ひのととり》」

「丁」陰の火と「酉」陰の金の組み合わせ

景気が良くなっても、経済にとって打撃になる、景気に直撃する事件、災害などが起こりやすい年です。

前述した四正《しせい》の「酉《とり》」ですから、良いと思っていてもドカンと下がることがあります。ベテラン投資家にとってはチャンスだといえるでしょう。売り時と買い時を見極めるのは難しいですが、その分、勝負をするには面白いのです。

この年には、大きく儲ける人も出てくるでしょう。素人投資家は手を出さない方がよいかもしれません。すべてにおいて格差が出てくる年となります。

１９５７年「丁酉《ひのととり》」は、「なべ底不況」と呼ばれながらも、すぐに「岩戸景気」と好景気になるという景気と不況が同居する事態となりました。

「丁亥《ひのとい》」

「丁」陰の火と「亥」陰の水の組み合わせ

ろうそくの「火」に「亥《い》」の「水」は、「水が火を剋《こく》す」ですから、どうしても「火」が弱いのです。

けっして全体の景気が良いわけではありません。銘柄によっては株価が上がって景気が良さそうにみえるかもしれませんが注意です。亥を動物に例えれば、イノシシです。逃げるようなそぶりを見せても急に反転して向かってくる場合もあります。

それがこの年の暗示です。注意深く銘柄を選び、年の前半に買ったり売ったりすれば、そこそこ儲けは出るでしょう。

それでも年の後半は、徐々に株価が下がっていく暗示があります。

さて、景気の上がる「火の干支」をみてきましたが、これだけでも投資の判断に十分役立つはずです。さらに他の干支も同様に考えてみてください。

それぞれの六十干支の深い意味合いがわからなくても、その天干、地支のもつ意味を確認して、「木、火、土、金、水」の五行に分けて考えてみることがポイントです。

天干の五行、地支の五行を知ることにより、その組み合わせでどのような年なのかがイメージできるようになります。そして、その六十干支の年に何があったかを年表で調べることで、日本経済の流れをかなり読み取れると思います。

ただ、気をつけなければならないのは、経済市場は昔と今では少々違っています。銘柄の数もずいぶん違います。新たな業種も数多く増えていますし、今ではなくなってしまった業種もあります。

歴史は繰り返されるといっても、「60年前とまったく同じことが起こる」ということだけにとらわれると、投資の判断を誤る恐れがあります。まったく同じことが繰り返されるのではなく、六十干支の意味合いを反映させた同じような性質のことが起こるのです。

ですから、「陰陽五行」の相生、相剋の関係を基準に、その干支のもつ意味合いを頭に描きながら、注意深く年表を眺めて起こった出来事を見てみると、正しい判断がつくようになるでしょう。

天干は神で、地支は仏

天干の下に付く地支である十二支にも、五行のほかにもさまざまな意味合いがあり、この現象界とも深く結びついています。

十二支は、今日では動物のイメージが強いのですが、もともとは古く殷の甲骨文では十干と組み合わされて日付を記録するのに利用されてということは前にも述べました。後には、「陰陽五行論」に取り込まれて、年や月、時刻、そして方位も表わすようになり、古文献には時刻や方位の記述に十二支が利用されています。

この十二支ですが、その後、仏教の影響を受けて秘教的な意味合いを持つようになるのです。

その例として、お寺を訪れると、十二支を祀ったお堂などに出会うことがあります。そのお堂には、「生まれ本尊」などの名称で、さまざまな菩薩さま、如来さまを生まれ年、月の守護本尊として祀られています。

「生まれ本尊」とは、

子《ね》年生まれは、「千手観音菩薩」
丑《うし》年と寅《とら》年まれは、「虚空蔵菩薩」
卯《う》年まれは、「文殊菩薩」
辰《たつ》年と巳《み》年まれは、「普賢菩薩」
午《うま》年まれは、「勢至菩薩」
未《ひつじ》年と申《さる》年まれは、「大日如来」
酉《とり》年まれは、「不動明王」
戌《いぬ》年と亥《い》年まれは、「阿弥陀如来」

が祀られていて、自分の生まれ年と生まれ月の守護本尊様に手を合わせる人たちも多くいます。ちなみに金運アップの祈願に近道があるとすれば、まずは神社より仏様です。

なぜ、丑寅《うしとら》、辰巳《たつみ》、未申《ひつじさる》、戌亥《いぬい》は、一緒の仏様で、子《ね》、卯《う》、午《うま》、酉《とり》は単独で仏様がいらっしゃるのかというと、それは方位に深く結びついているからです。

八方位に、それぞれ方位をつかさどっている仏様がいらっしゃるので、前述した

「四正《しせい》」は強いというように、東西南北をつかさどっている「四正」には、一仏様がいらっしゃいますが、丑寅《うしとら》（北東）、辰巳《たつみ》（南東）、未申《ひつじさる》（南西）、戌亥《いぬい》（北西）はそれぞれ同じ仏様なのです。

このように日本では十二支と仏教との結びつきが強いのですが、そもそもそれは六十干支の組み合わせからきていることなのです。

六十干支には「天地人《てんちじん》」という、世界を構成する三つの要素として三才《さんさい》の思想が元にあります。風水では「天人地《てんじんち》」として知られていますが、天を神とし、地を仏とし、その天地の影響を受けながら私たち人間が生き抜いていくという世界観です。

ですから、十干を「天干《てんかん》」と呼び、十二支を「地支《ちし》」と呼ぶのです。この十干は、天の神様を表していて、天上界から降ってくるものと解釈すればよいでしょう。ですから人間の業ではおよばない大きな力が働いているとみるのです。

六十干支の中でも天に「火」がある方が強いのです。地支の「巳《み》」「午《うま》」も「火」の五行ですが、天干の「丙《ひのえ》」「丁《ひのと》」のほうがはるかに強いとみなければなりません。「火」の五行である「丙《ひのえ》」「丁《ひのと》」は、なんといっても天から降ってくるのですから。

それでは、地支の「巳《み》」「午《うま》」の「火」の五行はどんな役割かというと、天から降ってくる「火」と違い、仏様にすがりながら人間が作りあげていく、仏の教えに従うがごとくの「火」なのです。

つまり、天干は神様、地支は仏様、その間に私たち人間がいるのです。仏様とは、「にんべんにム」と書いて「仏」ですから、人に近い存在です。人間が修行を積んで解脱し悟ったのちに仏様になります。ですから、仏様である十二支は、人間が行った良いことも悪いことも反映されやすいのです。

「火」の五行である「巳《み》」「午《うま》」の年は、たとえば経済政策として「金利を下げた」という人間の行為が反映されて、その結果、株価が上がったりすることを暗示しているのです。

また十二支は、根っこの運を表している「根運」とも呼ばれ、人間が一生懸命やった努力に対して、仏様はきちんとそれを反映させてくれるといわれます。つまり、人間が努力すれば(徳を積めば)、仏様が認めてご褒美をくれるのです。

一方の天干は、神様で天から降ってくる大きなうねりであるわけです。天から降ってくるものに対して私たちはどうしても太刀打ちできません。なすがままです。でも地支の仏様は、人間の願いや行為を汲み取りながらも、天から降って来るものに加えて新たな現象を引き起こすのです。

たとえば、「丙寅《ひのえとら》」は、天から降ってくる「火」に薪をくべてさらなる強い「火」にするとか、「丙子《ひのえね》」は、天から降ってくる「火」を「水」で弱めようとしているという意味ばかりでなく、天干からのご褒美を一部の人しか気づかないという意味もあるのです。

天干と地支でわかる好景気業界

「火」の五行をもたない六十干支の年は、まったく経済が停滞するのか、というとそうではありません。

ほかの六十干支をみる場合も、天干と地支の五行の相生、相剋で判断し、投資に役立てることができます。全体の景気の動向というよりも、どのような業種が好景気を迎えるかがわかるのです。そのポイントを解説しましょう。

まず、天干と地支の五行の関係をみてください。

たとえば、「乙未《きのとひつじ》」の年の場合、天干の「乙《きのと》」の五行は「木」で、地支の「未《ひつじ》」の五行は「土」です。この関係は、「木剋土《もっこくど》」であり、天干の「乙《きのと》」が地支の「未《ひつじ》」を剋する関係になっています。

実は、天干の五行が地支の五行を剋している形になった時、地支を剋す天干の五行が意味する業界が好景気になるのです。

「乙未《きのとひつじ》」の年では、地支を剋す天干の「木」を意味する業界が好景気業界となります。

では、五行の「木」が意味する業界とは何かというと、人に関係する業界ですので、人材派遣、ホテル、建物、パルプや農業も当てはまります。

ですから、天干と地支の五行の関係を調べて、その年の好景気業界に投資するのも一つの戦略として覚えておいてください。

それでは、各五行が意味する事象や業種をランダムに列挙してみます。


「木」―人、人に関連した業種、人材派遣業、ホテル、建物、農作物、林業、パルプ、繊維、運送、貿易、音楽関係、旅行関係、医薬関係、ハンドメイドの業種など

「火」―電気やガスなどを含めたエネルギー、航空、金融、証券、エンターテイメント、芸能、マスコミ、ファッション、デザインなど

「土」―日常使用する必需品、日用品関係、衣食住に関係するもの、葬儀、リサイクル、

肥料、ペット、植物、清掃業、廃棄物処理など
たまる捨てる埋める、土に還る、地に足をつける意。

「金」—技術によって生まれたもの、家電、自動車、パソコン、携帯などの利器、時計、貴金属など

「水」—人を育てる業種、教育関係、師や士のつく知的職業、飲料、水物、漁業、水産業、サービス業、接客業など

たとえば、2011年の「辛卯《かのとう》」は（金と木）の五行の組み合わせで、「金剋木《きんこくもく》」となります。ですから「金」の五行が意味する業種である携帯などの利器が注目を浴びました。

3・11の東日本大震災の教訓として、災害時の携帯の重要性が認識され、一気に携帯が必需品となったのです。

辰と戌の土の地支

さて、第3章で十二支を解説しましたが、ここではちょっと特別な十二支である「辰《たつ》」と「戌《いぬ》」を取り上げてみます。どちらも「土」の五行です。

天干が「丙《ひのえ》」であると「丙辰《ひのえたつ》」「丙戌《ひのえいぬ》」となり、天から火の流れが降ってくるのですが、それを地支の「辰《たつ》」と「戌《いぬ》」である土が受け止めるという形です。火が土に還るときに、まだ火がくすぶっている状態を表わしています。

この「丙辰《ひのえたつ》」「丙戌《ひのえいぬ》」の年の特徴としては、経済では「虚飾的な商売はよくない」とされています。辰《たつ》の年と戌《いぬ》の年のときは、人間の努力や行いの結果が顕著に出やすい傾向があるのです。

どういうことかというと、〝人に喜ばれる、人の助けになる〟ような仕事や労働を長く地道にやっている企業が伸びるのです。つまり、人が生きる上での基本的な〝衣食住〟を扱っている業種がよく、虚飾的な商売はダメなのです。

それでなくても企業の姿勢が大きく問われる年でもあります。天干が「丙《ひのえ》」であっても、「辰《たつ》」と「戌《いぬ》」の年は、調子良くいい加減でやってきた企業は、悲惨な結果になる傾向があります。すべてが明らかになるというか、白黒はっきりするというか、如実にその結果が現れます。

１９４６年が「丙戌《ひのえいぬ》」の年ですが、戦後の復興景気で悪くはなかったのですが、預金封鎖で新円発行が行われました。旧紙幣の預金は封鎖され、旧紙幣で預金していた国民の資産はほぼゼロになり、政府が決めた額のお金しか手にすることができなくなりました。

日本政府は、物資不足と、インフレ対策、そして政府の莫大な借金を解消するため、国民の財産を没収することで両方を解決しようとしたのです。そのような状況下で、多くの企業や人々の明暗がはっきりしたという事実があります。

このようなことがなぜ起こるのかというと、それは「辰《たつ》」と「戌《いぬ》」の十二支にその原因があるのです。十二支は仏様の管轄と前述しましたが、「辰《たつ》」と「戌《いぬ》」の年は「仏の罰があたる」といわれているからです。

「辰《たつ》」は「龍《りゅう》」で、想像上の生き物にたとえられますが、この「龍」はいったいどここにいるのでしょうか。

それは神社仏閣にその姿を見ることができます。お寺の襖絵であったり、神社の欄干に彫られています。

また、「戌《いぬ》」の意味するところは、神社の鳥居をくぐると参道の両側に鎮座している「狛犬《こまいぬ》」のことなのです。

十二支とは、仏の使いとして表わされ、それは「守り本尊」といって梵字仏などで表現されていることは前に述べました。

けれども、「辰《たつ》」は、神仏の使いとして想像上の動物である「龍」のことであり、天も地も守る存在なのです。そして「戌《いぬ》」は、一般的な動物の犬ではなく、神の使いではある「狛犬」であり、地の番人としての役割があるのです。

ですから、辰《たつ》の年、戌《いぬ》の年には、インチキな商売をして荒稼ぎしていている会社があれば、たとえ「丙辰《ひのえたつ》」「丙戌《ひのえいぬ》」の年であっても景気は良くならず、逆にすべてが明るみに出て、それが問題になってしまいます。そして、まじめに堅実にやっている会社であれば、景気も良くなり、日の目を見ることができるのです。

このようにハッキリと明暗が分かれる年になり、いい加減な経営をしている会社にとっては〝罰があたる〟という現象が起こるといえるのです。

十二支の五行分類をよく見てみると、「木、火、金、水」の五行には2つずつなのに、「土」に属している十二支は4つもあります。そのなかで、「辰《たつ》」と「戌《いぬ》」の土が、このようにほかの十二支とちょっと変わった働きをしているのです。それは季節のつなぎ目である「土用《どよう》」の問題にもなるのですが、とにかく、五行の「土」には、「辰《たつ》」と「戌《いぬ》」がいないとまずいのです。

このように、五行でみれば「辰《たつ》」も「戌《いぬ》」も「土」ですが、同じ「土」の「丑《うし》」と「未《ひつじ》」とは違う性質を持っているのです。

仏様の十二支の中で、この「辰《たつ》」と「戌《いぬ》」が、天干である神様にも通じているといわれているからです。また、人間に道理を教えるのも、この「辰《たつ》」と「戌《いぬ》」の役目でもあります。

私たちに「道理を教える」という意味は、つまり災害や危険、困難や危機に際して、未然に何らかのサインで警告を発してくれているということです。

昔から干支学の先生たちは、「辰《たつ》や戌《いぬ》の年が巡ってきたら、いい加減にやっている人は気をつけなければいけないよ」「だからまじめに商売やりなさいよ」と注意を促していました。これは逆に、「辰《たつ》」や「戌《いぬ》」の年まで悪さしていたら、仏様の罰があたるぞ、ということなのです。

また、こんな言い方をする干支学の先生もいます。

「辰《たつ》と戌《いぬ》の年は、龍が守る天の門、狛犬が守る地の門が開いて、神様、仏様に丸見えになってしまうのだ」

とにかく、これらの年は気をつけた方がよいのです。

東日本大震災の翌年、２０１２年は「壬辰《みずのえたつ》」でした。この年を迎えるにあたって、私はセミナーなどで、みんなに「ちゃっかり商売をやってきた人たちは気をつけてください。なんでもバレバレになってしまいますから。どんな企業も内部の見直しの年です」と警告しました。

実際、東電やその関連企業もその実態がどんどん明るみにされて、会社の形態も変わらざるを得なくなっていった年となりました。努力が報われてきた企業と、内部体制の引き締めをせざるを得ない状況になっていった企業と大きく分かれる年となったのです。

辰年《たつ》、戌年《いぬ》が巡るのが6年に一度です。どんな商売であれ、6年に一度見直しをする節目の年だと考えて、きちんと足固めをしながら進めていくことです。

逆に、それまでにコツコツと地道に業務を遂行してきた企業は、業績が伸びて努力が報われるのですから楽しみでもあります。

「天中殺」「大殺界」とは

もっと詳しく十干十二支を見ていきましょう。

十干は天干といって「天」、つまり神様の五行のサイクルを表している。十二支は地の仏様が人間の行いを判断しながら五行のサイクルを表している。この天と地を組み合わせ、六十干支が生まれるわけですが、天が十個あり、地が十二個あるので、どうしても天地のサイクルが合いません。

第１章でも説明しましたが、天干「甲《きのえ》」と地支「子《ね》」を合わせ、次に天干「乙《きのと》」と地支「丑《うし》」を合わせていくと、当然、十二支の「戌《いぬ》」と「亥《い》」が余ってしまいます。

占いなどで怖れられている「天中殺」や「大殺界」は、この余った「戌《いぬ》」「亥《い》」を問題にしているのです。「天中殺」も「大殺界」も、実は「論八字《ろんはちじ》」で「空亡《くうぼう》」といわれているものなのです。「空亡」とは、「空《そら》が亡《な》い」、つまり天からの守りが亡《な》い年ともいえます。

生まれた日の六十干支によって「空亡」が決まるわけですが、たとえば、企業の代表者の生年月日がわかれば、その代表者の「空亡」がわかります。代表者の「空亡」は、その企業を代表しているわけですから、企業の「空亡」となります。

ですから、注目している企業があるならば、その代表者の生年月日を調べておき、「空亡」年を知っておくことは大切です。その企業の空亡にあたる年には、占い師がよくいうような「恐ろしいことが起きる」ということはありませんが、それでもその企業への投資については十分に注意が必要だからです。

ここに「空亡」の見方を掲載しておきます。

生年月日から生まれ日の六十干支を暦で調べます。そして、「六十干支表」のなかからその六十干支を見つけ、その縦のラインの下に記されている2つの十二支が「空亡」と呼ばれる2年間となります。

たとえば、「乙亥《きのとい》」の日生まれであれば、その縦のラインの下にある「申《さる》・酉《とり》」の2年間が「空亡」です。また、毎年8月と9月が月の「空亡」となります。

読者のみなさんも、この機会に生年月日から自分の「空亡」を調べて知っておくことをお勧めします。「空亡」の十二支の年回りの2年間は、慎重にされることが得策です。たとえば、新しいことを始めるとか、事業を立ち上げるとかは、控えた方が良いでしょう。また、「空亡」の月である二カ月間も、大事なイベントなどは計画しない方が無難です。「空亡」とは厄年やダイレクトな凶ではないのです。どちらかというと普段おろそかにしているコトやモノに現れます。そこがちょっと違うところです。

六十干支表

										空亡の年と月	
1 甲子	2 乙丑	3 丙寅	4 丁卯	5 戊辰	6 己巳	7 庚午	8 辛未	9 壬申	10 癸酉	戌・亥	10月・11月
11 甲戌	12 乙亥	13 丙子	14 丁丑	15 戊寅	16 己卯	17 庚辰	18 辛巳	19 壬午	20 癸未	申・酉	8月・9月
21 甲申	22 乙酉	23 丙戌	24 丁亥	25 戊子	26 己丑	27 庚寅	28 辛卯	29 壬辰	30 癸巳	午・未	6月・7月
31 甲午	32 乙未	33 丙申	34 丁酉	35 戊戌	36 己亥	37 庚子	38 辛丑	39 壬寅	40 癸卯	辰・巳	4月・5月
41 甲辰	42 乙巳	43 丙午	44 丁未	45 戊申	46 己酉	47 庚戌	48 辛亥	49 壬子	50 癸丑	寅・卯	2月・3月
51 甲寅	52 乙卯	53 丙辰	54 丁巳	55 戊午	56 己未	57 庚申	58 辛酉	59 壬戌	60 癸亥	子・丑	12月・1月

月の六十干支から「財」を探る

月にも六十干支があります。月の六十干支も年と同様に考え判断していくと、さらに景気の動向を深く読み取ることができます。

たとえば、年の六十干支に「火」の五行があって、景気が良くなる年だと判断したら、その年の十二カ月の六十干支を調べます。そのなかで「火」の五行の六十干支をもつ月がチャンスだということです。

毎年、十二カ月のなかで、5月は「巳《み》月」で、6月は「午《うま》月」です。「火」の五行の十二支ですが、年が良ければ、5月の巳、6月の午は投資の好機で株価は上がるとみて間違いないでしょう。

ですから、月の六十干支が書かれている暦をみて、年の六十干支と同じように「火」の五行をもつ六十干支を見つけるとともに、前後の月の六十干支の五行の組み合わせを参考にしながら景気の流れをつかんで勝負したほうがいいのです。

さらに、巻末の暦から日にちの六十干支も参考にすると良いでしょう。こまめに売り買いする人には、日にちの六十干支が役に立つはずです。
巻末の暦に慣れるためにも、次に、２０２1年から２０２７年までの、「火」の五行を持つ六十干支をピックアップしてみました。

2021年「辛丑《かのとうし》」の年
5月は、癸巳《みずのとみ》（水と火）
6月は、甲午《きのえうま》（木と火）
8月は、丙申《ひのえさる》（火と金）
9月は、丁酉《ひのととり》（火と金）

2022年「壬寅《みずのえとら》」の年
5月は、乙巳《きのとみ》（木と火）
6月は、丙午《ひのえうま》（火と火）
7月は、丁未《ひのとひつじ》（火と土）

2023年「癸卯《みずのとう》」の年
4月は、丙辰《ひのえたつ》（火と土）
5月は、丁巳《ひのとみ》（火と火）
6月は、戊午《つちのえうま》（土と火）

2024年「甲辰《きのえたつ》」の年
2月は、丙寅《ひのえとら》（火と木）
3月は、丁卯《ひのとう》（火と木）
5月は、己巳《つちのとみ》（土と火）
6月は、庚午《かのえうま》（金と火）
12月は、丙子《ひのえね》（火と水）
1月は、丁丑《ひのとうし》（火と土）

２０２５年「乙巳《きのとみ》」の年

５月は、辛巳《かのとみ》（水と火）

６月は、壬午《みずのえうま》（木と火）

10月は、丙戌《ひのえいぬ》（火と金）

11月は、丁亥《ひのとい》（火と金）

◎２０２６年「丙午《ひのえうま》」の年

５月は、癸巳《みずのとみ》（木と火）

６月は、甲午《きのえうま》（火と火）

８月は、丙申《ひのえさる》（火と土）

９月は、丁酉《ひのととり》（火と金）

２０２７年「丁未《ひのとひつじ》」の年

５月は、乙巳《きのとみ》（木と火）

6月は、丙午《ひのえうま》（火と火）
7月は、丁未《ひのとひつじ》（火と土）

このように、月の六十干支は、その年その年によって変わりますので注意してください。

5月、6月の地支は、巳《み》月、午《うま》月ですから変わりませんが、毎年の月の六十干支は変化して、六年後に同じ月の六十干支になります。巻末の暦でご確認ください。

投資のポイント

投資について、さらに細かいテクニックを言えば、「火」のある干支の年回りに合わせて、いつ買うかを決めることです。つまり、月の六十干支の流れをみて「火」の干支が巡る月に売って儲けるというパターンを考えるのです。

もちろん、その時の政治的なことや、社会状況も踏まえてですが、年月日に「火」が重なる方が上昇傾向が強いのです。

たとえば、「水」のある六十干支の年や月に注意して、なるほど株価が下がっている、買いだと判断したら、その後の六十干支の流れをみて、「火」の六十干支がくる年や月に売るという計画を立てるのです。

いいですか、「火」の干支の月に株価が上がってきたら売りなのです。ですから、その以前の株価が低迷しているときこそ買いというわけです。

このように「火」があるかないかをみて、売り買いをしていくのですが、もちろん株価の流れや経済状況にも注意をはらって関連情報は収集すべきではあります。

さらに、井原西鶴の言葉ではないですが、「無心」となって引き際が大切です。つまり手放す、売りのタイミングです。こればかりは、投資する人の性格もあるので何とも言えませんが、欲があるのが人間で、うまくいっているときは「もっと、もっと」となりがちで、売るタイミングを逃す人も少なくありません。

「酉《とり》だから気をつけて」とか「未越《ひつじご》えだよ」と言ってもなま返事を返すだけで、機を逸してしまう人もあるのです。

また、意外と女性の方たちのほうが、きちんと忠実に「火」の干支を追って売り買いしているので、その地道な努力が積もり積もって大きなお金を手にしている場合が多いものです。それは、私がアドバイスをしている会員さんたちをみても明らかです。

「よくわからないから不安です」という素人の投資家さんでしたら、とにかく本書で何度も説明してきたように、ひたすら「火」の干支を追っていけばよいのです。

このように「自然の摂理」「宇宙の法則」という人もいますが、古代中国の「陰陽五行の干支」が日本の景気の動向を言い当てているというのは、干支学のほんの一端なのです。

　ですから、読者諸氏も機会があるとき、「陰陽五行」「干支学」をしっかり学んでみることもいいかもしれません。

　本書では、儲けるための投資のコツとして干支学の一端をご披露させていただきました。もっと、その意味を深く身につけるようになれば、自分の欲に負けることなく、しっかり勝ち続けることができるのではないでしょうか。

付録

六十干支がわかる暦

六十干支がわかる暦の見方

・2月4日節分明けから、翌年の節分までが一年となります。
・月は、アミがかかった日から始まり、翌月のアミがかかった日の前日までです。

次頁の2016年を参考にすると、2月4日から、翌年の2017年の2月3日までが2016年「丙申」年となります。

2月は、2月4日から3月4日まで。3月は、3月5日から4月3日まで。

4月は、4月4日から5月4日まで。6月は、6月5日から7月6日まで。

7月は、7月7日から8月6日まで。8月は、8月7日から9月6日まで。

9月は、9月7日から10月7日まで。10月は、10月8日から11月6日まで。

11月は、11月7日から12月6日まで。12月は、12月7日か翌年の1月4日まで。

1月は、翌年の1月5日から翌年の2月3日までになります。

＊各年の火の干支＝年と月の天干（丙・丁）、地支（巳・午）に○を付けた。

2020年（令和2年）庚子　七赤金星

六白	七赤	八白	九紫	一白	二黒	三碧	四緑	五黄	六白	七赤	八白	九星
1月	12月	11月	10月	9月	8月	7月	6月	5月	4月	3月	2月	月
己丑	戊子	丁亥	丙戌	乙酉	甲申	癸未	壬午	辛巳	庚辰	己卯	戊寅	月干支
5日后 0:23	7日前 1:09	7日前 8:14	8日前 4:55	7日后 1:08	7日前 10:06	7日前 0:14	5日后 1:58	5日前 9:51	4日后 4:38	5日前 11:56	4日后 6:03	節入日
己酉	戊寅	戊申	丁丑	丁未	丙子	乙巳	乙亥	甲辰	甲戌	癸卯	甲戌	1
庚戌	己卯	己酉	戊寅	戊申	丁丑	丙午	丙子	乙巳	乙亥	甲辰	乙亥	2
辛亥	庚辰	庚戌	己卯	己酉	戊寅	丁未	丁丑	丙午	丙子	乙巳	丙子	3
壬子	辛巳	辛亥	庚辰	庚戌	己卯	戊申	戊寅	丁未	丁丑	丙午	丁丑	4
癸丑	壬午	壬子	辛巳	辛亥	庚辰	己酉	己卯	戊申	戊寅	丁未	戊寅	5
甲寅	癸未	癸丑	壬午	壬子	辛巳	庚戌	庚辰	己酉	己卯	戊申	己卯	6
乙卯	甲申	甲寅	癸未	癸丑	壬午	辛亥	辛巳	庚戌	庚辰	己酉	庚辰	7
丙辰	乙酉	乙卯	甲申	甲寅	癸未	壬子	壬午	辛亥	辛巳	庚戌	辛巳	8
丁巳	丙戌	丙辰	乙酉	乙卯	甲申	癸丑	癸未	壬子	壬午	辛亥	壬午	9
戊午	丁亥	丁巳	丙戌	丙辰	乙酉	甲寅	甲申	癸丑	癸未	壬子	癸未	10
己未	戊子	戊午	丁亥	丁巳	丙戌	乙卯	乙酉	甲寅	甲申	癸丑	甲申	11
庚申	己丑	己未	戊子	戊午	丁亥	丙辰	丙戌	乙卯	乙酉	甲寅	乙酉	12
辛酉	庚寅	庚申	己丑	己未	戊子	丁巳	丁亥	丙辰	丙戌	乙卯	丙戌	13
壬戌	辛卯	辛酉	庚寅	庚申	己丑	戊午	戊子	丁巳	丁亥	丙辰	丁亥	14
癸亥	壬辰	壬戌	辛卯	辛酉	庚寅	己未	己丑	戊午	戊子	丁巳	戊子	15
甲子	癸巳	癸亥	壬辰	壬戌	辛卯	庚申	庚寅	己未	己丑	戊午	己丑	16
乙丑	甲午	甲子	癸巳	癸亥	壬辰	辛酉	辛卯	庚申	庚寅	己未	庚寅	17
丙寅	乙未	乙丑	甲午	甲子	癸巳	壬戌	壬辰	辛酉	辛卯	庚申	辛卯	18
丁卯	丙申	丙寅	乙未	乙丑	甲午	癸亥	癸巳	壬戌	壬辰	辛酉	壬辰	19
戊辰	丁酉	丁卯	丙申	丙寅	乙未	甲子	甲午	癸亥	癸巳	壬戌	癸巳	20
己巳	戊戌	戊辰	丁酉	丁卯	丙申	乙丑	乙未	甲子	甲午	癸亥	甲午	21
庚午	己亥	己巳	戊戌	戊辰	丁酉	丙寅	丙申	乙丑	乙未	甲子	乙未	22
辛未	庚子	庚午	己亥	己巳	戊戌	丁卯	丁酉	丙寅	丙申	乙丑	丙申	23
壬申	辛丑	辛未	庚子	庚午	己亥	戊辰	戊戌	丁卯	丁酉	丙寅	丁酉	24
癸酉	壬寅	壬申	辛丑	辛未	庚子	己巳	己亥	戊辰	戊戌	丁卯	戊戌	25
甲戌	癸卯	癸酉	壬寅	壬申	辛丑	庚午	庚子	己巳	己亥	戊辰	己亥	26
乙亥	甲辰	甲戌	癸卯	癸酉	壬寅	辛未	辛丑	庚午	庚子	己巳	庚子	27
丙子	乙巳	乙亥	甲辰	甲戌	癸卯	壬申	壬寅	辛未	辛丑	庚午	辛丑	28
丁丑	丙午	丙子	乙巳	乙亥	甲辰	癸酉	癸卯	壬申	壬寅	辛未	壬寅	29
戊寅	丁未	丁丑	丙午	丙子	乙巳	甲戌	甲辰	癸酉	癸卯	壬申		30
己卯	戊申		丁未		丙午	乙亥		甲戌		癸酉		31

2021年（令和3年）辛丑　六白金星

三碧	四緑	五黄	六白	七赤	八白	九紫	一白	二黒	三碧	四緑	五黄	九星
1月	12月	11月	10月	9月	8月	7月	6月	5月	4月	3月	2月	月
辛丑	庚子	己亥	戊戌	丁酉	丙申	乙未	甲午	癸巳	壬辰	辛卯	庚寅	月干支
5日后 6：14	7日前 6：57	7日后 1：59	8日前 10：39	7日后 6：53	7日后 3：54	7日前 6：05	5日后 7：51	5日后 3：47	4日后 10：35	5日后 5：53	3日后 11：58	節入日
甲寅	癸未	癸丑	壬午	壬子	辛巳	庚戌	庚辰	己酉	己卯	戊申	庚辰	1
乙卯	甲申	甲寅	癸未	癸丑	壬午	辛亥	辛巳	庚戌	庚辰	己酉	辛巳	2
丙辰	乙酉	乙卯	甲申	甲寅	癸未	壬子	壬午	辛亥	辛巳	庚戌	壬午	3
丁巳	丙戌	丙辰	乙酉	乙卯	甲申	癸丑	癸未	壬子	壬午	辛亥	癸未	4
戊午	丁亥	丁巳	丙戌	丙辰	乙酉	甲寅	甲申	癸丑	癸未	壬子	甲申	5
己未	戊子	戊午	丁亥	丁巳	丙戌	乙卯	乙酉	甲寅	甲申	癸丑	乙酉	6
庚申	己丑	己未	戊子	戊午	丁亥	丙辰	丙戌	乙卯	乙酉	甲寅	丙戌	7
辛酉	庚寅	庚申	己丑	己未	戊子	丁巳	丁亥	丙辰	丙戌	乙卯	丁亥	8
壬戌	辛卯	辛酉	庚寅	庚申	己丑	戊午	戊子	丁巳	丁亥	丙辰	戊子	9
癸亥	壬辰	壬戌	辛卯	辛酉	庚寅	己未	己丑	戊午	戊子	丁巳	己丑	10
甲子	癸巳	癸亥	壬辰	壬戌	辛卯	庚申	庚寅	己未	己丑	戊午	庚寅	11
乙丑	甲午	甲子	癸巳	癸亥	壬辰	辛酉	辛卯	庚申	庚寅	己未	辛卯	12
丙寅	乙未	乙丑	甲午	甲子	癸巳	壬戌	壬辰	辛酉	辛卯	庚申	壬辰	13
丁卯	丙申	丙寅	乙未	乙丑	甲午	癸亥	癸巳	壬戌	壬辰	辛酉	癸巳	14
戊辰	丁酉	丁卯	丙申	丙寅	乙未	甲子	甲午	癸亥	癸巳	壬戌	甲午	15
己巳	戊戌	戊辰	丁酉	丁卯	丙申	乙丑	乙未	甲子	甲午	癸亥	乙未	16
庚午	己亥	己巳	戊戌	戊辰	丁酉	丙寅	丙申	乙丑	乙未	甲子	丙申	17
辛未	庚子	庚午	己亥	己巳	戊戌	丁卯	丁酉	丙寅	丙申	乙丑	丁酉	18
壬申	辛丑	辛未	庚子	庚午	己亥	戊辰	戊戌	丁卯	丁酉	丙寅	戊戌	19
癸酉	壬寅	壬申	辛丑	辛未	庚子	己巳	己亥	戊辰	戊戌	丁卯	己亥	20
甲戌	癸卯	癸酉	壬寅	壬申	辛丑	庚午	庚子	己巳	己亥	戊辰	庚子	21
乙亥	甲辰	甲戌	癸卯	癸酉	壬寅	辛未	辛丑	庚午	庚子	己巳	辛丑	22
丙子	乙巳	乙亥	甲辰	甲戌	癸卯	壬申	壬寅	辛未	辛丑	庚午	壬寅	23
丁丑	丙午	丙子	乙巳	乙亥	甲辰	癸酉	癸卯	壬申	壬寅	辛未	癸卯	24
戊寅	丁未	丁丑	丙午	丙子	乙巳	甲戌	甲辰	癸酉	癸卯	壬申	甲辰	25
己卯	戊申	戊寅	丁未	丁丑	丙午	乙亥	乙巳	甲戌	甲辰	癸酉	乙巳	26
庚辰	己酉	己卯	戊申	戊寅	丁未	丙子	丙午	乙亥	乙巳	甲戌	丙午	27
辛巳	庚戌	庚辰	己酉	己卯	戊申	丁丑	丁未	丙子	丙午	乙亥	丁未	28
壬午	辛亥	辛巳	庚戌	庚辰	己酉	戊寅	戊申	丁丑	丁未	丙子		29
癸未	壬子	壬午	辛亥	辛巳	庚戌	己卯	己酉	戊寅	戊申	丁丑		30
甲申	癸丑		壬子		辛亥	庚辰		己卯		戊寅		31

2022年（令和4年）壬寅　五黄土星

九紫	一白	二黒	三碧	四緑	五黄	六白	七赤	八白	九紫	一白	二黒	九星
1月	12月	11月	10月	9月	8月	7月	6月	5月	4月	3月	2月	月
癸丑	壬子	辛亥	庚戌	己酉	戊申	丁未	丙午	乙巳	甲辰	癸卯	壬寅	月干支
6日前 0:05	7日后 0:46	7日后 7:45	7日后 4:25	8日前 0:32	7日后 9:29	7日前 11:35	6日前 1:29	5日后 9:25	5日前 4:20	5日后 11:43	4日前 5:50	節入日
己未	戊子	戊午	丁亥	丁巳	丙戌	乙卯	乙酉	甲寅	甲申	癸丑	乙酉	1
庚申	己丑	己未	戊子	戊午	丁亥	丙辰	丙戌	乙卯	乙酉	甲寅	丙戌	2
辛酉	庚寅	庚申	己丑	己未	戊子	丁巳	丁亥	丙辰	丙戌	乙卯	丁亥	3
壬戌	辛卯	辛酉	庚寅	庚申	己丑	戊午	戊子	丁巳	丁亥	丙辰	戊子	4
癸亥	壬辰	壬戌	辛卯	辛酉	庚寅	己未	己丑	戊午	戊子	丁巳	己丑	5
甲子	癸巳	癸亥	壬辰	壬戌	辛卯	庚申	庚寅	己未	己丑	戊午	庚寅	6
乙丑	甲午	甲子	癸巳	癸亥	壬辰	辛酉	辛卯	庚申	庚寅	己未	辛卯	7
丙寅	乙未	乙丑	甲午	甲子	癸巳	壬戌	壬辰	辛酉	辛卯	庚申	壬辰	8
丁卯	丙申	丙寅	乙未	乙丑	甲午	癸亥	癸巳	壬戌	壬辰	辛酉	癸巳	9
戊辰	丁酉	丁卯	丙申	丙寅	乙未	甲子	甲午	癸亥	癸巳	壬戌	甲午	10
己巳	戊戌	戊辰	丁酉	丁卯	丙申	乙丑	乙未	甲子	甲午	癸亥	乙未	11
庚午	己亥	己巳	戊戌	戊辰	丁酉	丙寅	丙申	乙丑	乙未	甲子	丙申	12
辛未	庚子	庚午	己亥	己巳	戊戌	丁卯	丁酉	丙寅	丙申	乙丑	丁酉	13
壬申	辛丑	辛未	庚子	庚午	己亥	戊辰	戊戌	丁卯	丁酉	丙寅	戊戌	14
癸酉	壬寅	壬申	辛丑	辛未	庚子	己巳	己亥	戊辰	戊戌	丁卯	己亥	15
甲戌	癸卯	癸酉	壬寅	壬申	辛丑	庚午	庚子	己巳	己亥	戊辰	庚子	16
乙亥	甲辰	甲戌	癸卯	癸酉	壬寅	辛未	辛丑	庚午	庚子	己巳	辛丑	17
丙子	乙巳	乙亥	甲辰	甲戌	癸卯	壬申	壬寅	辛未	辛丑	庚午	壬寅	18
丁丑	丙午	丙子	乙巳	乙亥	甲辰	癸酉	癸卯	壬申	壬寅	辛未	癸卯	19
戊寅	丁未	丁丑	丙午	丙子	乙巳	甲戌	甲辰	癸酉	癸卯	壬申	甲辰	20
己卯	戊申	戊寅	丁未	丁丑	丙午	乙亥	乙巳	甲戌	甲辰	癸酉	乙巳	21
庚辰	己酉	己卯	戊申	戊寅	丁未	丙子	丙午	乙亥	乙巳	甲戌	丙午	22
辛巳	庚戌	庚辰	己酉	己卯	戊申	丁丑	丁未	丙子	丙午	乙亥	丁未	23
壬午	辛亥	辛巳	庚戌	庚辰	己酉	戊寅	戊申	丁丑	丁未	丙子	戊申	24
癸未	壬子	壬午	辛亥	辛巳	庚戌	己卯	己酉	戊寅	戊申	丁丑	己酉	25
甲申	癸丑	癸未	壬子	壬午	辛亥	庚辰	庚戌	己卯	己酉	戊寅	庚戌	26
乙酉	甲寅	甲申	癸丑	癸未	壬子	辛巳	辛亥	庚辰	庚戌	己卯	辛亥	27
丙戌	乙卯	乙酉	甲寅	甲申	癸丑	壬午	壬子	辛巳	辛亥	庚辰	壬子	28
丁亥	丙辰	丙戌	乙卯	乙酉	甲寅	癸未	癸丑	壬午	壬子	辛巳		29
戊子	丁巳	丁亥	丙辰	丙戌	乙卯	甲申	甲寅	癸未	癸丑	壬午		30
己丑	戊午		丁巳		丙辰	乙酉		甲申		癸未		31

2023年（令和5年）癸卯　四緑木星

六白	七赤	八白	九紫	一白	二黒	三碧	四緑	五黄	六白	七赤	八白	九星
1月	12月	11月	10月	9月	8月	7月	6月	5月	4月	3月	2月	月
乙丑	甲子	癸亥	壬戌	辛酉	庚申	己未	戊午	丁巳	丙辰	乙卯	甲寅	月干支
6日前 5:49	7日后 6:36	8日前 1:35	8日后 10:15	8日前 6:26	8日前 3:23	7日后 5:22	6日前 7:16	6日前 3:13	5日前 10:12	6日前 5:28	4日前 11:46	節入日
甲子	癸巳	癸亥	壬辰	壬戌	辛卯	庚申	庚寅	己未	己丑	戊午	庚寅	1
乙丑	甲午	甲子	癸巳	癸亥	壬辰	辛酉	辛卯	庚申	庚寅	己未	辛卯	2
丙寅	乙未	乙丑	甲午	甲子	癸巳	壬戌	壬辰	辛酉	辛卯	庚申	壬辰	3
丁卯	丙申	丙寅	乙未	乙丑	甲午	癸亥	癸巳	壬戌	壬辰	辛酉	癸巳	4
戊辰	丁酉	丁卯	丙申	丙寅	乙未	甲子	甲午	癸亥	癸巳	壬戌	甲午	5
己巳	戊戌	戊辰	丁酉	丁卯	丙申	乙丑	乙未	甲子	甲午	癸亥	乙未	6
庚午	己亥	己巳	戊戌	戊辰	丁酉	丙寅	丙申	乙丑	乙未	甲子	丙申	7
辛未	庚子	庚午	己亥	己巳	戊戌	丁卯	丁酉	丙寅	丙申	乙丑	丁酉	8
壬申	辛丑	辛未	庚子	庚午	己亥	戊辰	戊戌	丁卯	丁酉	丙寅	戊戌	9
癸酉	壬寅	壬申	辛丑	辛未	庚子	己巳	己亥	戊辰	戊戌	丁卯	己亥	10
甲戌	癸卯	癸酉	壬寅	壬申	辛丑	庚午	庚子	己巳	己亥	戊辰	庚子	11
乙亥	甲辰	甲戌	癸卯	癸酉	壬寅	辛未	辛丑	庚午	庚子	己巳	辛丑	12
丙子	乙巳	乙亥	甲辰	甲戌	癸卯	壬申	壬寅	辛未	辛丑	庚午	壬寅	13
丁丑	丙午	丙子	乙巳	乙亥	甲辰	癸酉	癸卯	壬申	壬寅	辛未	癸卯	14
戊寅	丁未	丁丑	丙午	丙子	乙巳	甲戌	甲辰	癸酉	癸卯	壬申	甲辰	15
己卯	戊申	戊寅	丁未	丁丑	丙午	乙亥	乙巳	甲戌	甲辰	癸酉	乙巳	16
庚辰	己酉	己卯	戊申	戊寅	丁未	丙子	丙午	乙亥	乙巳	甲戌	丙午	17
辛巳	庚戌	庚辰	己酉	己卯	戊申	丁丑	丁未	丙子	丙午	乙亥	丁未	18
壬午	辛亥	辛巳	庚戌	庚辰	己酉	戊寅	戊申	丁丑	丁未	丙子	戊申	19
癸未	壬子	壬午	辛亥	辛巳	庚戌	己卯	己酉	戊寅	戊申	丁丑	己酉	20
甲申	癸丑	癸未	壬子	壬午	辛亥	庚辰	庚戌	己卯	己酉	戊寅	庚戌	21
乙酉	甲寅	甲申	癸丑	癸未	壬子	辛巳	辛亥	庚辰	庚戌	己卯	辛亥	22
丙戌	乙卯	乙酉	甲寅	甲申	癸丑	壬午	壬子	辛巳	辛亥	庚辰	壬子	23
丁亥	丙辰	丙戌	乙卯	乙酉	甲寅	癸未	癸丑	壬午	壬子	辛巳	癸丑	24
戊子	丁巳	丁亥	丙辰	丙戌	乙卯	甲申	甲寅	癸未	癸丑	壬午	甲寅	25
己丑	戊午	戊子	丁巳	丁亥	丙辰	乙酉	乙卯	甲申	甲寅	癸未	乙卯	26
庚寅	己未	己丑	戊午	戊子	丁巳	丙戌	丙辰	乙酉	乙卯	甲申	丙辰	27
辛卯	庚申	庚寅	己未	己丑	戊午	丁亥	丁巳	丙戌	丙辰	乙酉	丁巳	28
壬辰	辛酉	辛卯	庚申	庚寅	己未	戊子	戊午	丁亥	丁巳	丙戌		29
癸巳	壬戌	壬辰	辛酉	辛卯	庚申	己丑	己未	戊子	戊午	丁亥		30
甲午	癸亥		壬戌		辛酉	庚寅		己丑		戊子		31

2024年（令和6年）甲辰　三碧木星

三碧	四緑	五黄	六白	七赤	八白	九紫	一白	二黒	三碧	四緑	五黄	九星
1月	12月	11月	10月	9月	8月	7月	6月	5月	4月	3月	2月	月
丁丑	丙子	乙亥	甲戌	癸酉	壬申	辛未	庚午	己巳	戊辰	丁卯	丙寅	月干支
5日前 11：32	7日前 0：17	7日前 7：20	8日前 4：03	7日后 0：10	7日前 9：09	6日后 11：20	5日后 1：10	5日前 9：10	4日后 4：01	5日前 11：23	4日后 5：27	節入日
庚午	己亥	己巳	戊戌	戊辰	丁酉	丙寅	丙申	乙丑	乙未	甲子	乙未	1
辛未	庚子	庚午	己亥	己巳	戊戌	丁卯	丁酉	丙寅	丙申	乙丑	丙申	2
壬申	辛丑	辛未	庚子	庚午	己亥	戊辰	戊戌	丁卯	丁酉	丙寅	丁酉	3
癸酉	壬寅	壬申	辛丑	辛未	庚子	己巳	己亥	戊辰	戊戌	丁卯	戊戌	4
甲戌	癸卯	癸酉	壬寅	壬申	辛丑	庚午	庚子	己巳	己亥	戊辰	己亥	5
乙亥	甲辰	甲戌	癸卯	癸酉	壬寅	辛未	辛丑	庚午	庚子	己巳	庚子	6
丙子	乙巳	乙亥	甲辰	甲戌	癸卯	壬申	壬寅	辛未	辛丑	庚午	辛丑	7
丁丑	丙午	丙子	乙巳	乙亥	甲辰	癸酉	癸卯	壬申	壬寅	辛未	壬寅	8
戊寅	丁未	丁丑	丙午	丙子	乙巳	甲戌	甲辰	癸酉	癸卯	壬申	癸卯	9
己卯	戊申	戊寅	丁未	丁丑	丙午	乙亥	乙巳	甲戌	甲辰	癸酉	甲辰	10
庚辰	己酉	己卯	戊申	戊寅	丁未	丙子	丙午	乙亥	乙巳	甲戌	乙巳	11
辛巳	庚戌	庚辰	己酉	己卯	戊申	丁丑	丁未	丙子	丙午	乙亥	丙午	12
壬午	辛亥	辛巳	庚戌	庚辰	己酉	戊寅	戊申	丁丑	丁未	丙子	丁未	13
癸未	壬子	壬午	辛亥	辛巳	庚戌	己卯	己酉	戊寅	戊申	丁丑	戊申	14
甲申	癸丑	癸未	壬子	壬午	辛亥	庚辰	庚戌	己卯	己酉	戊寅	己酉	15
乙酉	甲寅	甲申	癸丑	癸未	壬子	辛巳	辛亥	庚辰	庚戌	己卯	庚戌	16
丙戌	乙卯	乙酉	甲寅	甲申	癸丑	壬午	壬子	辛巳	辛亥	庚辰	辛亥	17
丁亥	丙辰	丙戌	乙卯	乙酉	甲寅	癸未	癸丑	壬午	壬子	辛巳	壬子	18
戊子	丁巳	丁亥	丙辰	丙戌	乙卯	甲申	甲寅	癸未	癸丑	壬午	癸丑	19
己丑	戊午	戊子	丁巳	丁亥	丙辰	乙酉	乙卯	甲申	甲寅	癸未	甲寅	20
庚寅	己未	己丑	戊午	戊子	丁巳	丙戌	丙辰	乙酉	乙卯	甲申	乙卯	21
辛卯	庚申	庚寅	己未	己丑	戊午	丁亥	丁巳	丙戌	丙辰	乙酉	丙辰	22
壬辰	辛酉	辛卯	庚申	庚寅	己未	戊子	戊午	丁亥	丁巳	丙戌	丁巳	23
癸巳	壬戌	壬辰	辛酉	辛卯	庚申	己丑	己未	戊子	戊午	丁亥	戊午	24
甲午	癸亥	癸巳	壬戌	壬辰	辛酉	庚寅	庚申	己丑	己未	戊子	己未	25
乙未	甲子	甲午	癸亥	癸巳	壬戌	辛卯	辛酉	庚寅	庚申	己丑	庚申	26
丙申	乙丑	乙未	甲子	甲午	癸亥	壬辰	壬戌	辛卯	辛酉	庚寅	辛酉	27
丁酉	丙寅	丙申	乙丑	乙未	甲子	癸巳	癸亥	壬辰	壬戌	辛卯	壬戌	28
戊戌	丁卯	丁酉	丙寅	丙申	乙丑	甲午	甲子	癸巳	癸亥	壬辰	癸亥	29
己亥	戊辰	戊戌	丁卯	丁酉	丙寅	乙未	乙丑	甲午	甲子	癸巳		30
庚子	己巳		戊辰		丁卯	丙申		乙未		甲午		31

2025年（令和7年）乙巳　二黒土星

九紫	一白	二黒	三碧	四緑	五黄	六白	七赤	八白	九紫	一白	二黒	九星
1月	12月	11月	10月	9月	8月	7月	6月	5月	4月	3月	2月	月
己丑	戊子	丁亥	丙戌	乙酉	甲申	癸未	壬午	辛巳	庚辰	己卯	戊寅	月干支
5日后 5：23	7日前 6：04	7日后 1：04	8日前 9：41	7日后 5：52	7日后 2：48	7日前 5：05	5日后 6：56	5日后 2：57	4日后 9：50	5日后 5：08	3日后 11：10	節入日
乙亥	甲辰	甲戌	癸卯	癸酉	壬寅	辛未	辛丑	庚午	庚子	己巳	辛丑	1
丙子	乙巳	乙亥	甲辰	甲戌	癸卯	壬申	壬寅	辛未	辛丑	庚午	壬寅	2
丁丑	丙午	丙子	乙巳	乙亥	甲辰	癸酉	癸卯	壬申	壬寅	辛未	癸卯	3
戊寅	丁未	丁丑	丙午	丙子	乙巳	甲戌	甲辰	癸酉	癸卯	壬申	甲辰	4
己卯	戊申	戊寅	丁未	丁丑	丙午	乙亥	乙巳	甲戌	甲辰	癸酉	乙巳	5
庚辰	己酉	己卯	戊申	戊寅	丁未	丙子	丙午	乙亥	乙巳	甲戌	丙午	6
辛巳	庚戌	庚辰	己酉	己卯	戊申	丁丑	丁未	丙子	丙午	乙亥	丁未	7
壬午	辛亥	辛巳	庚戌	庚辰	己酉	戊寅	戊申	丁丑	丁未	丙子	戊申	8
癸未	壬子	壬午	辛亥	辛巳	庚戌	己卯	己酉	戊寅	戊申	丁丑	己酉	9
甲申	癸丑	癸未	壬子	壬午	辛亥	庚辰	庚戌	己卯	己酉	戊寅	庚戌	10
乙酉	甲寅	甲申	癸丑	癸未	壬子	辛巳	辛亥	庚辰	庚戌	己卯	辛亥	11
丙戌	乙卯	乙酉	甲寅	甲申	癸丑	壬午	壬子	辛巳	辛亥	庚辰	壬子	12
丁亥	丙辰	丙戌	乙卯	乙酉	甲寅	癸未	癸丑	壬午	壬子	辛巳	癸丑	13
戊子	丁巳	丁亥	丙辰	丙戌	乙卯	甲申	甲寅	癸未	癸丑	壬午	甲寅	14
己丑	戊午	戊子	丁巳	丁亥	丙辰	乙酉	乙卯	甲申	甲寅	癸未	乙卯	15
庚寅	己未	己丑	戊午	戊子	丁巳	丙戌	丙辰	乙酉	乙卯	甲申	丙辰	16
辛卯	庚申	庚寅	己未	己丑	戊午	丁亥	丁巳	丙戌	丙辰	乙酉	丁巳	17
壬辰	辛酉	辛卯	庚申	庚寅	己未	戊子	戊午	丁亥	丁巳	丙戌	戊午	18
癸巳	壬戌	壬辰	辛酉	辛卯	庚申	己丑	己未	戊子	戊午	丁亥	己未	19
甲午	癸亥	癸巳	壬戌	壬辰	辛酉	庚寅	庚申	己丑	己未	戊子	庚申	20
乙未	甲子	甲午	癸亥	癸巳	壬戌	辛卯	辛酉	庚寅	庚申	己丑	辛酉	21
丙申	乙丑	乙未	甲子	甲午	癸亥	壬辰	壬戌	辛卯	辛酉	庚寅	壬戌	22
丁酉	丙寅	丙申	乙丑	乙未	甲子	癸巳	癸亥	壬辰	壬戌	辛卯	癸亥	23
戊戌	丁卯	丁酉	丙寅	丙申	乙丑	甲午	甲子	癸巳	癸亥	壬辰	甲子	24
己亥	戊辰	戊戌	丁卯	丁酉	丙寅	乙未	乙丑	甲午	甲子	癸巳	乙丑	25
庚子	己巳	己亥	戊辰	戊戌	丁卯	丙申	丙寅	乙未	乙丑	甲午	丙寅	26
辛丑	庚午	庚子	己巳	己亥	戊辰	丁酉	丁卯	丙申	丙寅	乙未	丁卯	27
壬寅	辛未	辛丑	庚午	庚子	己巳	戊戌	戊辰	丁酉	丁卯	丙申	戊辰	28
癸卯	壬申	壬寅	辛未	辛丑	庚午	己亥	己巳	戊戌	戊辰	丁酉		29
甲辰	癸酉	癸卯	壬申	壬寅	辛未	庚子	庚午	己亥	己巳	戊戌		30
乙巳	甲戌		癸酉		壬申	辛丑		庚子		己亥		31

2026年（令和8年）丙午　一白水星

六白	七赤	八白	九紫	一白	二黒	三碧	四緑	五黄	六白	七赤	八白	九星
1月	12月	11月	10月	9月	8月	7月	6月	5月	4月	3月	2月	月
辛丑	庚子	己亥	戊戌	丁酉	丙申	乙未	甲午	癸巳	壬辰	辛卯	庚寅	月干支
5日后 11:10	7日前 11:52	7日后 6:52	8日后 3:29	7日后 11:41	7日后 8:42	7日前 10:57	6日前 0:48	5日后 8:48	5日前 3:39	5日后 10:58	4日前 5:02	節入日
庚辰	己酉	己卯	戊申	戊寅	丁未	丙子	丙午	乙亥	乙巳	甲戌	丙午	1
辛巳	庚戌	庚辰	己酉	己卯	戊申	丁丑	丁未	丙子	丙午	乙亥	丁未	2
壬午	辛亥	辛巳	庚戌	庚辰	己酉	戊寅	戊申	丁丑	丁未	丙子	戊申	3
癸未	壬子	壬午	辛亥	辛巳	庚戌	己卯	己酉	戊寅	戊申	丁丑	己酉	4
甲申	癸丑	癸未	壬子	壬午	辛亥	庚辰	庚戌	己卯	己酉	戊寅	庚戌	5
乙酉	甲寅	甲申	癸丑	癸未	壬子	辛巳	辛亥	庚辰	庚戌	己卯	辛亥	6
丙戌	乙卯	乙酉	甲寅	甲申	癸丑	壬午	壬子	辛巳	辛亥	庚辰	壬子	7
丁亥	丙辰	丙戌	乙卯	乙酉	甲寅	癸未	癸丑	壬午	壬子	辛巳	癸丑	8
戊子	丁巳	丁亥	丙辰	丙戌	乙卯	甲申	甲寅	癸未	癸丑	壬午	甲寅	9
己丑	戊午	戊子	丁巳	丁亥	丙辰	乙酉	乙卯	甲申	甲寅	癸未	乙卯	10
庚寅	己未	己丑	戊午	戊子	丁巳	丙戌	丙辰	乙酉	乙卯	甲申	丙辰	11
辛卯	庚申	庚寅	己未	己丑	戊午	丁亥	丁巳	丙戌	丙辰	乙酉	丁巳	12
壬辰	辛酉	辛卯	庚申	庚寅	己未	戊子	戊午	丁亥	丁巳	丙戌	戊午	13
癸巳	壬戌	壬辰	辛酉	辛卯	庚申	己丑	己未	戊子	戊午	丁亥	己未	14
甲午	癸亥	癸巳	壬戌	壬辰	辛酉	庚寅	庚申	己丑	己未	戊子	庚申	15
乙未	甲子	甲午	癸亥	癸巳	壬戌	辛卯	辛酉	庚寅	庚申	己丑	辛酉	16
丙申	乙丑	乙未	甲子	甲午	癸亥	壬辰	壬戌	辛卯	辛酉	庚寅	壬戌	17
丁酉	丙寅	丙申	乙丑	乙未	甲子	癸巳	癸亥	壬辰	壬戌	辛卯	癸亥	18
戊戌	丁卯	丁酉	丙寅	丙申	乙丑	甲午	甲子	癸巳	癸亥	壬辰	甲子	19
己亥	戊辰	戊戌	丁卯	丁酉	丙寅	乙未	乙丑	甲午	甲子	癸巳	乙丑	20
庚子	己巳	己亥	戊辰	戊戌	丁卯	丙申	丙寅	乙未	乙丑	甲午	丙寅	21
辛丑	庚午	庚子	己巳	己亥	戊辰	丁酉	丁卯	丙申	丙寅	乙未	丁卯	22
壬寅	辛未	辛丑	庚午	庚子	己巳	戊戌	戊辰	丁酉	丁卯	丙申	戊辰	23
癸卯	壬申	壬寅	辛未	辛丑	庚午	己亥	己巳	戊戌	戊辰	丁酉	己巳	24
甲辰	癸酉	癸卯	壬申	壬寅	辛未	庚子	庚午	己亥	己巳	戊戌	庚午	25
乙巳	甲戌	甲辰	癸酉	癸卯	壬申	辛丑	辛未	庚子	庚午	己亥	辛未	26
丙午	乙亥	乙巳	甲戌	甲辰	癸酉	壬寅	壬申	辛丑	辛未	庚子	壬申	27
丁未	丙子	丙午	乙亥	乙巳	甲戌	癸卯	癸酉	壬寅	壬申	辛丑	癸酉	28
戊申	丁丑	丁未	丙子	丙午	乙亥	甲辰	甲戌	癸卯	癸酉	壬寅		29
己酉	戊寅	戊申	丁丑	丁未	丙子	乙巳	乙亥	甲辰	甲戌	癸卯		30
庚戌	己卯		戊寅		丁丑	丙午		乙巳		甲辰		31

2027年（令和9年）丁未　九紫火星

三碧	四緑	五黄	六白	七赤	八白	九紫	一白	二黒	三碧	四緑	五黄	九星
1月	12月	11月	10月	9月	8月	7月	6月	5月	4月	3月	2月	月
癸丑	壬子	辛亥	庚戌	己酉	戊申	丁未	丙午	乙巳	甲辰	癸卯	壬寅	月干支
6日前 4：54	7日后 5：37	8日前 0：38	8日后 9：17	8日前 5：28	8日前 2：23	7日后 4：37	6日前 6：25	6日前 2：22	5日前 9：17	6日前 4：39	4日前 10：46	節入日
乙酉	甲寅	甲申	癸丑	癸未	壬子	辛巳	辛亥	庚辰	庚戌	己卯	辛亥	1
丙戌	乙卯	乙酉	甲寅	甲申	癸丑	壬午	壬子	辛巳	辛亥	庚辰	壬子	2
丁亥	丙辰	丙戌	乙卯	乙酉	甲寅	癸未	癸丑	壬午	壬子	辛巳	癸丑	3
戊子	丁巳	丁亥	丙辰	丙戌	乙卯	甲申	甲寅	癸未	癸丑	壬午	甲寅	4
己丑	戊午	戊子	丁巳	丁亥	丙辰	乙酉	乙卯	甲申	甲寅	癸未	乙卯	5
庚寅	己未	己丑	戊午	戊子	丁巳	丙戌	丙辰	乙酉	乙卯	甲申	丙辰	6
辛卯	庚申	庚寅	己未	己丑	戊午	丁亥	丁巳	丙戌	丙辰	乙酉	丁巳	7
壬辰	辛酉	辛卯	庚申	庚寅	己未	戊子	戊午	丁亥	丁巳	丙戌	戊午	8
癸巳	壬戌	壬辰	辛酉	辛卯	庚申	己丑	己未	戊子	戊午	丁亥	己未	9
甲午	癸亥	癸巳	壬戌	壬辰	辛酉	庚寅	庚申	己丑	己未	戊子	庚申	10
乙未	甲子	甲午	癸亥	癸巳	壬戌	辛卯	辛酉	庚寅	庚申	己丑	辛酉	11
丙申	乙丑	乙未	甲子	甲午	癸亥	壬辰	壬戌	辛卯	辛酉	庚寅	壬戌	12
丁酉	丙寅	丙申	乙丑	乙未	甲子	癸巳	癸亥	壬辰	壬戌	辛卯	癸亥	13
戊戌	丁卯	丁酉	丙寅	丙申	乙丑	甲午	甲子	癸巳	癸亥	壬辰	甲子	14
己亥	戊辰	戊戌	丁卯	丁酉	丙寅	乙未	乙丑	甲午	甲子	癸巳	乙丑	15
庚子	己巳	己亥	戊辰	戊戌	丁卯	丙申	丙寅	乙未	乙丑	甲午	丙寅	16
辛丑	庚午	庚子	己巳	己亥	戊辰	丁酉	丁卯	丙申	丙寅	乙未	丁卯	17
壬寅	辛未	辛丑	庚午	庚子	己巳	戊戌	戊辰	丁酉	丁卯	丙申	戊辰	18
癸卯	壬申	壬寅	辛未	辛丑	庚午	己亥	己巳	戊戌	戊辰	丁酉	己巳	19
甲辰	癸酉	癸卯	壬申	壬寅	辛未	庚子	庚午	己亥	己巳	戊戌	庚午	20
乙巳	甲戌	甲辰	癸酉	癸卯	壬申	辛丑	辛未	庚子	庚午	己亥	辛未	21
丙午	乙亥	乙巳	甲戌	甲辰	癸酉	壬寅	壬申	辛丑	辛未	庚子	壬申	22
丁未	丙子	丙午	乙亥	乙巳	甲戌	癸卯	癸酉	壬寅	壬申	辛丑	癸酉	23
戊申	丁丑	丁未	丙子	丙午	乙亥	甲辰	甲戌	癸卯	癸酉	壬寅	甲戌	24
己酉	戊寅	戊申	丁丑	丁未	丙子	乙巳	乙亥	甲辰	甲戌	癸卯	乙亥	25
庚戌	己卯	己酉	戊寅	戊申	丁丑	丙午	丙子	乙巳	乙亥	甲辰	丙子	26
辛亥	庚辰	庚戌	己卯	己酉	戊寅	丁未	丁丑	丙午	丙子	乙巳	丁丑	27
壬子	辛巳	辛亥	庚辰	庚戌	己卯	戊申	戊寅	丁未	丁丑	丙午	戊寅	28
癸丑	壬午	壬子	辛巳	辛亥	庚辰	己酉	己卯	戊申	戊寅	丁未		29
甲寅	癸未	癸丑	壬午	壬子	辛巳	庚戌	庚辰	己酉	己卯	戊申		30
乙卯	甲申		癸未		壬午	辛亥		庚戌		己酉		31

2028年（令和10年）戊申　八白土星

九紫	一白	二黒	三碧	四緑	五黄	六白	七赤	八白	九紫	一白	二黒	九星
1月	12月	11月	10月	9月	8月	7月	6月	5月	4月	3月	2月	月
乙丑	甲子	癸亥	壬戌	辛酉	庚申	己未	戊午	丁巳	丙辰	乙卯	甲寅	月干支
5日前 10:42	6日后 11:24	7日前 6:27	8日前 3:08	7日前 11:24	7日前 8:21	6日后 10:30	5日后 0:13	5日前 8:10	4日后 3:03	5日前 10:24	4日后 4:31	節入日
辛卯	庚申	庚寅	己未	己丑	戊午	丁亥	丁巳	丙戌	丙辰	乙酉	丙辰	1
壬辰	辛酉	辛卯	庚申	庚寅	己未	戊子	戊午	丁亥	丁巳	丙戌	丁巳	2
癸巳	壬戌	壬辰	辛酉	辛卯	庚申	己丑	己未	戊子	戊午	丁亥	戊午	3
甲午	癸亥	癸巳	壬戌	壬辰	辛酉	庚寅	庚申	己丑	己未	戊子	己未	4
乙未	甲子	甲午	癸亥	癸巳	壬戌	辛卯	辛酉	庚寅	庚申	己丑	庚申	5
丙申	乙丑	乙未	甲子	甲午	癸亥	壬辰	壬戌	辛卯	辛酉	庚寅	辛酉	6
丁酉	丙寅	丙申	乙丑	乙未	甲子	癸巳	癸亥	壬辰	壬戌	辛卯	壬戌	7
戊戌	丁卯	丁酉	丙寅	丙申	乙丑	甲午	甲子	癸巳	癸亥	壬辰	癸亥	8
己亥	戊辰	戊戌	丁卯	丁酉	丙寅	乙未	乙丑	甲午	甲子	癸巳	甲子	9
庚子	己巳	己亥	戊辰	戊戌	丁卯	丙申	丙寅	乙未	乙丑	甲午	乙丑	10
辛丑	庚午	庚子	己巳	己亥	戊辰	丁酉	丁卯	丙申	丙寅	乙未	丙寅	11
壬寅	辛未	辛丑	庚午	庚子	己巳	戊戌	戊辰	丁酉	丁卯	丙申	丁卯	12
癸卯	壬申	壬寅	辛未	辛丑	庚午	己亥	己巳	戊戌	戊辰	丁酉	戊辰	13
甲辰	癸酉	癸卯	壬申	壬寅	辛未	庚子	庚午	己亥	己巳	戊戌	己巳	14
乙巳	甲戌	甲辰	癸酉	癸卯	壬申	辛丑	辛未	庚子	庚午	己亥	庚午	15
丙午	乙亥	乙巳	甲戌	甲辰	癸酉	壬寅	壬申	辛丑	辛未	庚子	辛未	16
丁未	丙子	丙午	乙亥	乙巳	甲戌	癸卯	癸酉	壬寅	壬申	辛丑	壬申	17
戊申	丁丑	丁未	丙子	丙午	乙亥	甲辰	甲戌	癸卯	癸酉	壬寅	癸酉	18
己酉	戊寅	戊申	丁丑	丁未	丙子	乙巳	乙亥	甲辰	甲戌	癸卯	甲戌	19
庚戌	己卯	己酉	戊寅	戊申	丁丑	丙午	丙子	乙巳	乙亥	甲辰	乙亥	20
辛亥	庚辰	庚戌	己卯	己酉	戊寅	丁未	丁丑	丙午	丙子	乙巳	丙子	21
壬子	辛巳	辛亥	庚辰	庚戌	己卯	戊申	戊寅	丁未	丁丑	丙午	丁丑	22
癸丑	壬午	壬子	辛巳	辛亥	庚辰	己酉	己卯	戊申	戊寅	丁未	戊寅	23
甲寅	癸未	癸丑	壬午	壬子	辛巳	庚戌	庚辰	己酉	己卯	戊申	己卯	24
乙卯	甲申	甲寅	癸未	癸丑	壬午	辛亥	辛巳	庚戌	庚辰	己酉	庚辰	25
丙辰	乙酉	乙卯	甲申	甲寅	癸未	壬子	壬午	辛亥	辛巳	庚戌	辛巳	26
丁巳	丙戌	丙辰	乙酉	乙卯	甲申	癸丑	癸未	壬子	壬午	辛亥	壬午	27
戊午	丁亥	丁巳	丙戌	丙辰	乙酉	甲寅	甲申	癸丑	癸未	壬子	癸未	28
己未	戊子	戊午	丁亥	丁巳	丙戌	乙卯	乙酉	甲寅	甲申	癸丑	甲申	29
庚申	己丑	己未	戊子	戊午	丁亥	丙辰	丙戌	乙卯	乙酉	甲寅		30
辛酉	庚寅		己丑		戊子	丁巳		丙辰		乙卯		31

2029年（令和11年）己酉　七赤金星

六白	七赤	八白	九紫	一白	二黒	三碧	四緑	五黄	六白	七赤	八白	九星
1月	12月	11月	10月	9月	8月	7月	6月	5月	4月	3月	2月	月
丁丑	丙子	乙亥	甲戌	癸酉	壬申	辛未	庚午	己巳	戊辰	丁卯	丙寅	月干支
5日后 4：30	7日前 5：13	7日后 0：16	8日前 8：58	7日后 5：12	7日后 2：11	7日前 4：22	5日后 6：10	5日后 2：07	4日后 8：58	5日后 4：17	3日后 10：20	節入日
丙申	乙丑	乙未	甲子	甲午	癸亥	壬辰	壬戌	辛卯	辛酉	庚寅	壬戌	1
丁酉	丙寅	丙申	乙丑	乙未	甲子	癸巳	癸亥	壬辰	壬戌	辛卯	癸亥	2
戊戌	丁卯	丁酉	丙寅	丙申	乙丑	甲午	甲子	癸巳	癸亥	壬辰	甲子	3
己亥	戊辰	戊戌	丁卯	丁酉	丙寅	乙未	乙丑	甲午	甲子	癸巳	乙丑	4
庚子	己巳	己亥	戊辰	戊戌	丁卯	丙申	丙寅	乙未	乙丑	甲午	丙寅	5
辛丑	庚午	庚子	己巳	己亥	戊辰	丁酉	丁卯	丙申	丙寅	乙未	丁卯	6
壬寅	辛未	辛丑	庚午	庚子	己巳	戊戌	戊辰	丁酉	丁卯	丙申	戊辰	7
癸卯	壬申	壬寅	辛未	辛丑	庚午	己亥	己巳	戊戌	戊辰	丁酉	己巳	8
甲辰	癸酉	癸卯	壬申	壬寅	辛未	庚子	庚午	己亥	己巳	戊戌	庚午	9
乙巳	甲戌	甲辰	癸酉	癸卯	壬申	辛丑	辛未	庚子	庚午	己亥	辛未	10
丙午	乙亥	乙巳	甲戌	甲辰	癸酉	壬寅	壬申	辛丑	辛未	庚子	壬申	11
丁未	丙子	丙午	乙亥	乙巳	甲戌	癸卯	癸酉	壬寅	壬申	辛丑	癸酉	12
戊申	丁丑	丁未	丙子	丙午	乙亥	甲辰	甲戌	癸卯	癸酉	壬寅	甲戌	13
己酉	戊寅	戊申	丁丑	丁未	丙子	乙巳	乙亥	甲辰	甲戌	癸卯	乙亥	14
庚戌	己卯	己酉	戊寅	戊申	丁丑	丙午	丙子	乙巳	乙亥	甲辰	丙子	15
辛亥	庚辰	庚戌	己卯	己酉	戊寅	丁未	丁丑	丙午	丙子	乙巳	丁丑	16
壬子	辛巳	辛亥	庚辰	庚戌	己卯	戊申	戊寅	丁未	丁丑	丙午	戊寅	17
癸丑	壬午	壬子	辛巳	辛亥	庚辰	己酉	己卯	戊申	戊寅	丁未	己卯	18
甲寅	癸未	癸丑	壬午	壬子	辛巳	庚戌	庚辰	己酉	己卯	戊申	庚辰	19
乙卯	甲申	甲寅	癸未	癸丑	壬午	辛亥	辛巳	庚戌	庚辰	己酉	辛巳	20
丙辰	乙酉	乙卯	甲申	甲寅	癸未	壬子	壬午	辛亥	辛巳	庚戌	壬午	21
丁巳	丙戌	丙辰	乙酉	乙卯	甲申	癸丑	癸未	壬子	壬午	辛亥	癸未	22
戊午	丁亥	丁巳	丙戌	丙辰	乙酉	甲寅	甲申	癸丑	癸未	壬子	甲申	23
己未	戊子	戊午	丁亥	丁巳	丙戌	乙卯	乙酉	甲寅	甲申	癸丑	乙酉	24
庚申	己丑	己未	戊子	戊午	丁亥	丙辰	丙戌	乙卯	乙酉	甲寅	丙戌	25
辛酉	庚寅	庚申	己丑	己未	戊子	丁巳	丁亥	丙辰	丙戌	乙卯	丁亥	26
壬戌	辛卯	辛酉	庚寅	庚申	己丑	戊午	戊子	丁巳	丁亥	丙辰	戊子	27
癸亥	壬辰	壬戌	辛卯	辛酉	庚寅	己未	己丑	戊午	戊子	丁巳	己丑	28
甲子	癸巳	癸亥	壬辰	壬戌	辛卯	庚申	庚寅	己未	己丑	戊午		29
乙丑	甲午	甲子	癸巳	癸亥	壬辰	辛酉	辛卯	庚申	庚寅	己未		30
丙寅	乙未		甲午		癸巳	壬戌		辛酉		庚申		31

2030年（令和12年）庚戌　六白金星

三碧	四緑	五黄	六白	七赤	八白	九紫	一白	二黒	三碧	四緑	五黄	九星
1月	12月	11月	10月	9月	8月	7月	6月	5月	4月	3月	2月	月
己丑	戊子	丁亥	丙戌	乙酉	甲申	癸未	壬午	辛巳	庚辰	己卯	戊寅	月干支
5日后 10：23	7日前 11：07	7日后 6：08	8日后 2：45	7日后 10：52	7日后 7：47	7日前 9：55	5日后 11：44	5日后 7：46	5日前 2：41	5日后 10：03	4日前 4：08	節入日
辛丑	庚午	庚子	己巳	己亥	戊辰	丁酉	丁卯	丙申	丙寅	乙未	丁卯	1
壬寅	辛未	辛丑	庚午	庚子	己巳	戊戌	戊辰	丁酉	丁卯	丙申	戊辰	2
癸卯	壬申	壬寅	辛未	辛丑	庚午	己亥	己巳	戊戌	戊辰	丁酉	己巳	3
甲辰	癸酉	癸卯	壬申	壬寅	辛未	庚子	庚午	己亥	己巳	戊戌	庚午	4
乙巳	甲戌	甲辰	癸酉	癸卯	壬申	辛丑	辛未	庚子	庚午	己亥	辛未	5
丙午	乙亥	乙巳	甲戌	甲辰	癸酉	壬寅	壬申	辛丑	辛未	庚子	壬申	6
丁未	丙子	丙午	乙亥	乙巳	甲戌	癸卯	癸酉	壬寅	壬申	辛丑	癸酉	7
戊申	丁丑	丁未	丙子	丙午	乙亥	甲辰	甲戌	癸卯	癸酉	壬寅	甲戌	8
己酉	戊寅	戊申	丁丑	丁未	丙子	乙巳	乙亥	甲辰	甲戌	癸卯	乙亥	9
庚戌	己卯	己酉	戊寅	戊申	丁丑	丙午	丙子	乙巳	乙亥	甲辰	丙子	10
辛亥	庚辰	庚戌	己卯	己酉	戊寅	丁未	丁丑	丙午	丙子	乙巳	丁丑	11
壬子	辛巳	辛亥	庚辰	庚戌	己卯	戊申	戊寅	丁未	丁丑	丙午	戊寅	12
癸丑	壬午	壬子	辛巳	辛亥	庚辰	己酉	己卯	戊申	戊寅	丁未	己卯	13
甲寅	癸未	癸丑	壬午	壬子	辛巳	庚戌	庚辰	己酉	己卯	戊申	庚辰	14
乙卯	甲申	甲寅	癸未	癸丑	壬午	辛亥	辛巳	庚戌	庚辰	己酉	辛巳	15
丙辰	乙酉	乙卯	甲申	甲寅	癸未	壬子	壬午	辛亥	辛巳	庚戌	壬午	16
丁巳	丙戌	丙辰	乙酉	乙卯	甲申	癸丑	癸未	壬子	壬午	辛亥	癸未	17
戊午	丁亥	丁巳	丙戌	丙辰	乙酉	甲寅	甲申	癸丑	癸未	壬子	甲申	18
己未	戊子	戊午	丁亥	丁巳	丙戌	乙卯	乙酉	甲寅	甲申	癸丑	乙酉	19
庚申	己丑	己未	戊子	戊午	丁亥	丙辰	丙戌	乙卯	乙酉	甲寅	丙戌	20
辛酉	庚寅	庚申	己丑	己未	戊子	丁巳	丁亥	丙辰	丙戌	乙卯	丁亥	21
壬戌	辛卯	辛酉	庚寅	庚申	己丑	戊午	戊子	丁巳	丁亥	丙辰	戊子	22
癸亥	壬辰	壬戌	辛卯	辛酉	庚寅	己未	己丑	戊午	戊子	丁巳	己丑	23
甲子	癸巳	癸亥	壬辰	壬戌	辛卯	庚申	庚寅	己未	己丑	戊午	庚寅	24
乙丑	甲午	甲子	癸巳	癸亥	壬辰	辛酉	辛卯	庚申	庚寅	己未	辛卯	25
丙寅	乙未	乙丑	甲午	甲子	癸巳	壬戌	壬辰	辛酉	辛卯	庚申	壬辰	26
丁卯	丙申	丙寅	乙未	乙丑	甲午	癸亥	癸巳	壬戌	壬辰	辛酉	癸巳	27
戊辰	丁酉	丁卯	丙申	丙寅	乙未	甲子	甲午	癸亥	癸巳	壬戌	甲午	28
己巳	戊戌	戊辰	丁酉	丁卯	丙申	乙丑	乙未	甲子	甲午	癸亥		29
庚午	己亥	己巳	戊戌	戊辰	丁酉	丙寅	丙申	乙丑	乙未	甲子		30
辛未	庚子		己亥		戊戌	丁卯		丙寅		乙丑		31

おわりに

良いか悪いかわかりませんが、時代は繰り返します。これも干支の意味の一つです。昔の「辛丑《かのとうし》」年——北海道からはじまった小児マヒは、その年1000人を超え、国内にワクチンがなかったために、海外から緊急的にワクチンを輸入しました。

また、日本医師会と日本歯科医師会が医療費の値上げを求め、全国的に一斉休診、いわばストみたいなことを起こしたのもこの年です。

そこからさらに繰り返すことがあれば、今年は大雨、大雪の心配があります。そしてお隣の国では政変が起きるかもしれません。

不思議ですが、干支の流れは少し形を変え、時代を繰り返すようです。

2021年、「辛丑《かのとうし》」の年は二つの側面を持ちます。

ひと言でいうなら「お祭りとお通夜」。

そもそも「辛」は〝プライド〟という意があり、例えるなら、負け戦が濃厚な戦国武将が高価な鎧《よろい》を身にまとい、刀や槍を持って陣取るような姿でしょうか。

五行の流れからすると、十干の最後に陣取る「辛」は〝終焉〟も意味します。反面、経済では、ウハウハな業界もあるでしょう。

「丑」の「土」は「木」に剋されるので、「木」に関係した商売、農業もそうでしょう。枝葉のような人脈や繋がりを有するビジネスもいいでしょう。建設や人材派遣、職人といわれる技術を持つ人が財を成す可能性が高くなります。

しかし、干支という時間だけよくても、空間という場所に恵まれても、人間として自身を磨くことがないと財も思うようにならないかもしれません。成ったとしても長続きもしないかもしれません。

職人さんが技術を磨いてこそ、ホンモノの価値に注目されるようなことでしょう。

本当はそういうことを含め、伝えることが山ほどありますが、紙面の都合上、全部を伝える自信もありません。ですから、時々SNSを使い詳細を掲載しています。

本年の1月に「陰陽五行相関学」というフェイスブックのページに大地震について記載しました。

「三月をまたぐ前後に気をつけてください」

残念ながら2月の東北での大地震に繋がりました。干支の教えの通り、「辛」の年の「卯」をまたぐときが、辛《つら》い人だからです。

干支は数千年の歴史から成る

もはや私は、その年の事象が的中することに嬉しさなど感じてはいません。なぜなら干支を深く学べば誰でもわかることだからです。

わかればおのずと対処、対策、戦略が立てられます。

それよりも日本に伝わるこの学びを後世にどう残していくかの方が気がかりです。

なぜなら、「干支学」を伝える人も学ぶ人もやはり多いとは言えないからです。最も、だからこそ「勝者の哲学」というような言われ方、一部の人の持つ特殊なスキルとも表現されます。それはとてももったいないことだと私は思っています。

人は生まれながらに不公平に出来ています。

産まれた境遇が恵まれている人も、不遇な人もいます。姿形もそれぞれ違い、皆が美男美女ではありません。

しかし、生きている限り、1年は365日、1日は24時間、1時間は60分であり、人類の誰にでも公平なはずです。自身の持つ時間要素を干支に当てはめ、毎年、流れてくる干支を掴《つか》み、対処して戦略をたてていけば、あなたは豊かさも幸せも手にすることができます。

幸運を掴むチャンスは、どんな人にも平等にあります。ただ、それに気づかない人もいるということです。

世の中には、受験勉強を勝ち抜いて官僚になり、出世した人もいます。しかし、受験勉強などせずに遊んでいた人が上場企業のトップになっている人もいます。

大切なのは、その人に合った学びをすることであり、どんな縁《えん》を掴むか、繋《つな》がるかです。

もちろん、受験勉強することを否定するわけではありませんが、受験成功＝幸せとはなりません。

「たった一度しかない一生を本当に活かさなかったら人間生まれてきた甲斐がないじゃないか」――文豪山本有三の言葉です。

「自分も人生、もっと楽しんでみるか」「私も幸運を掴もう！」

一人でもそう思ってくれたらこの本を書いた甲斐があります。

「辛《しん》の辛《つら》い」は、ほんの少しだけ変えれば「幸《こう》の幸《さいわ》い」になります。

ある意味、今がチャンスです。やまない雨はないし、溶けない雪もありません。

あなたの陰で、そっとあなたを応援している存在もいます。

それもあなたの干支に隠れています。必ず昇る陽は、いつかあなたを燦燦《さんさん》と照らすでしょう。

最後まで読んでいただきありがとうございます

ご縁のあるあなたの幸多きこと。財運溢れることを祈念します

最後に。

この世に生を授けてくれた亡き両親、父は忍耐を教えてくれたのかもしれない。母は思春期の私に「陰陽五行論」の入口を教えてくれた。もしかしたら本好きなのは亡き兄、貴方のおかげかもしれない。

そして、我が地支なる亡き妻の一霊四魂に捧ぐ……。

おかげさまで、ありがとうございます。

著者

著者プロフィール

森田真守（もりた まもる）

1965年栃木県の大工の棟梁の家に生まれる。読書好きな幼少期に、心理学博士浅野八郎や日本の歴史本を多数読破する。13歳くらいより実母の影響から暦の観方などを気にするようになり、それが「陰陽五行論」の研究のきっかけとなる。20代より建築を学びながらも、スピリチュアル分野全般、とくに「陰陽五行論」「神道」、また「催眠」などの学びにいそしむ。30代より古神道のある師匠に師事する。その後、自然素材の住宅を提唱、推進し、その傍ら全国の工務店へコーチングを始める。その手法は独特なものであり、コーチングを受けた企業は業績向上率89.7％を誇った。以来、工務店に限らずあらゆる業種に対して独特のコーチングで業績向上率90％近い数字を保っている。

現在、ピウス株式会社代表取締役。

http://piuss.com

時《とき》を読《よ》む！ 資産形成《しさんけいせい》の干支学《かんしがく》

2021年 6月30日　初版第1刷発行

著　者　森田真守

発行者　鎌田順雄

発行所　知道出版

〒101-0051 東京都千代田区神田神保町1-7-3 三光堂ビル4F

TEL 03-5282-3185 FAX 03-5282-3186

http://www.chido.co.jp

印　刷　音羽印刷

ISBN978-4-88664-344-5